歴博フォーラム

戦後日本の大衆文化

総合展示第6室〈現代〉の世界3

国立歴史民俗博物館＋安田常雄　編

東京堂出版

国立歴史民俗博物館　総合展示第６室〈現代〉

「戦後日本の大衆文化」コーナー

●映画「浮雲」撮影セット「ゆき子の部屋」再現（ⓒ 1955　東宝）歴博所蔵

●「ゆき子の部屋」エイジングの技法を用いた板張（ⓒ 1955　東宝）歴博所蔵

●撮影カメラ“ミッチェル”と照明機材（歴博所蔵）

●カチンコ（ⓒ 1955　東宝）歴博所蔵

●「ゆき子の部屋」（ⓒ 1955　東宝）の中央に置かれたちゃぶ台とリンゴ（歴博所蔵）

赤羽台団地再現模型（歴博所蔵）

ＣＭの映像が流れるテレビスタジオ再現模型（歴博所蔵）

●占領軍に検閲を受けた子どもの絵本（プランゲ文庫）

●「米軍占領統治下沖縄の米軍関係者用ナンバープレート」（歴博所蔵）

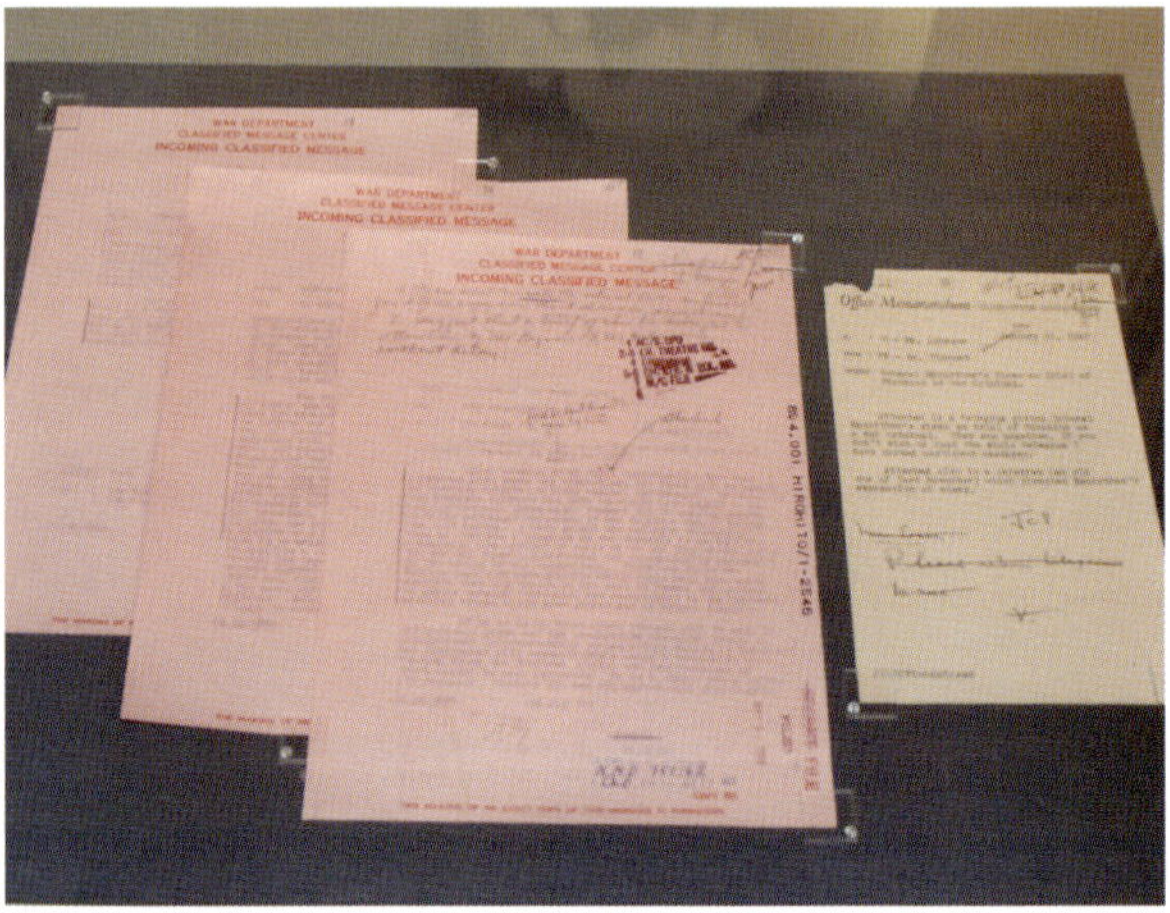

●1946年1月25日付
マッカーサーのアイゼンハワー宛電報〈複製〉
（歴博所蔵）

1960 年代に沖縄で使用されていたジュークボックス（歴博所蔵）

“ダグウッド＝サンドイッチ”の再現模型（歴博所蔵）

●壁面に並ぶ雑誌創刊号コレクション（歴博所蔵）

●壁面展示「流れゆく人びとの記録」より「ヤマの子ども」（写真＝山口勲、同氏『ボタ山のあるぼくの町　山口勲写真集』海鳥社、2006年より）

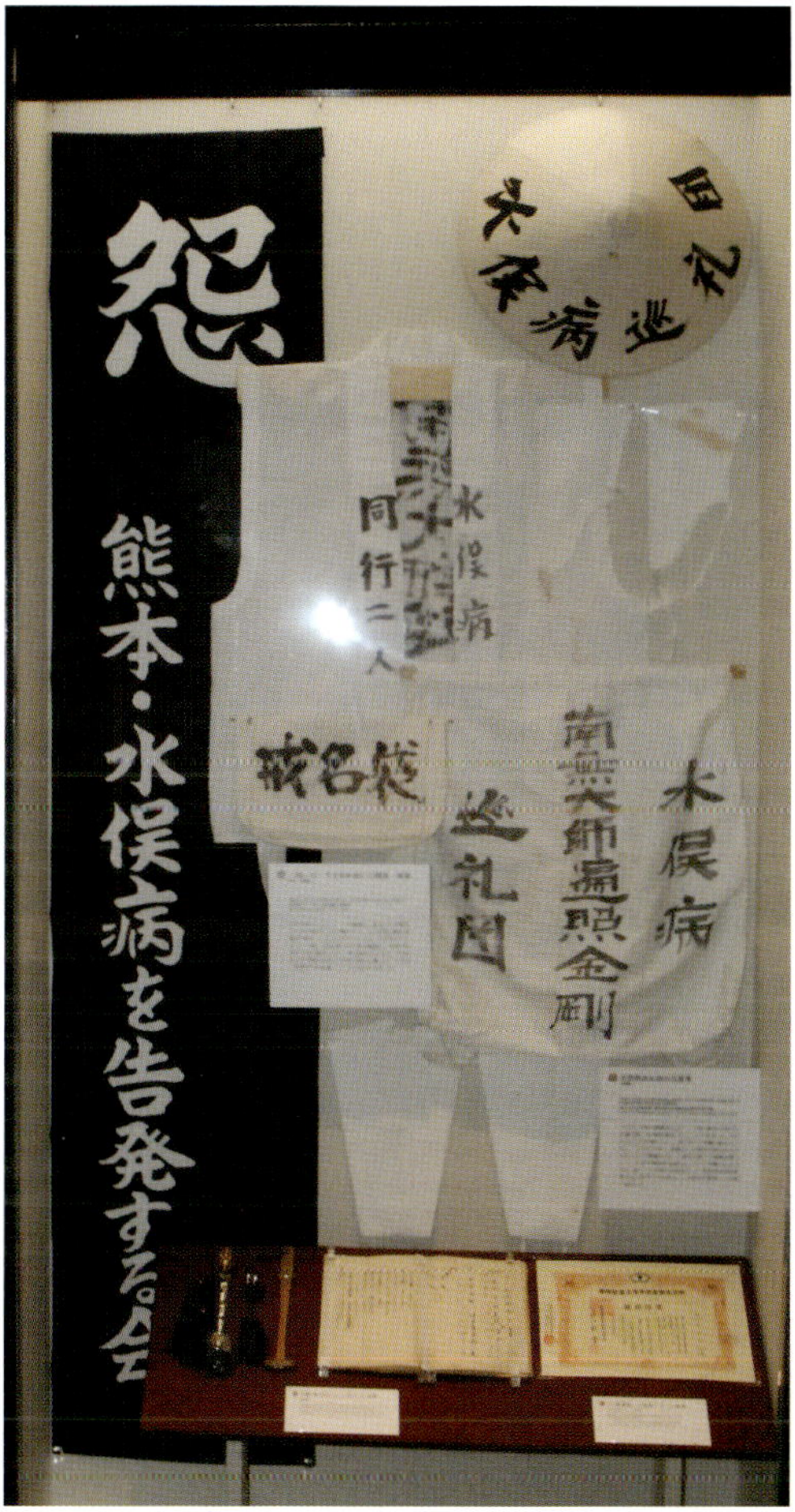

●水俣「怨の旗」と巡礼衣装
（提供：坂本フジエ氏）歴博所蔵

●ハングルで書かれた坑内案内版のコーナー（提供＝上野朱氏、 歴博所蔵）

「ゴジラ」立像
（ＴＭ＆ⓒ 1984　東宝）
歴博所蔵

「ゴジラ」立像（ＴＭ＆ⓒ 1984
東宝）より展示室内を望む。

歴博フォーラム　戦後日本の大衆文化

目　次

戦後日本の大衆文化

戦後日本の大衆文化

《編集協力》

鵜飼恵里香……テープ起こし、編集構成
岡崎健二………装丁・レイアウト、年表デザイン

《挿図・写真》

本書収録の写真については、特に断わりが無い限り、すべて国立歴史民俗博物館所蔵のものです。

趣旨説明

第6展示室「現代」

（大衆文化を通してみる戦後日本のイメージ）

安田常雄　国立歴史民俗博物館

はじめに

みなさんこんにちは。ただいまご紹介いただきました歴博の安田でございます。今回オープンします現代展示の代表者ということになっておりますので、また本日の「戦後日本の大衆文化」のパートは私の担当となっておりますので、その全体的なねらいなどについてお話させていただくことにします。

　この歴博現代展示室の構想にあたって、私たちはこの間、いろいろな角度から資料を集め、どういう切り口をつくるかということを外部委員の方々を交えながら議論してまいりました。そうして構築した展示室の構成については、これまでに三回のフォーラムを実施し、*構成するテーマに沿って、その考え方や意義、あるいは具体的な展示資料の紹介を行ってまいりました。本日は第四回目のフォーラムということで、**最後になります。このフォーラムでは、現代展示室の後半にあたる「戦後日本の大衆文化」

*第六九回歴博フォーラム「高度経済成長と生活変化」(二〇〇九年六月二〇日・一橋記念講堂)、第七〇回歴博フォーラム「戦争と平和」(二〇〇九年八月一日・東商ホール)、第七一回歴博フォーラム「占領下の民衆生活」(二〇〇九年一〇月一七日・歴博講堂)。

**第七三回歴博フォーラム「戦後日本の大衆文化」(主催＝国立歴史民俗博物館、二〇〇九年一二月一九日・東商ホール)。

というテーマの展示が対象となります。以下、趣旨説明ということで短い時間ですが概要を紹介させていただきたいと思います。具体的には、展示室の図面（後掲平面図）などをご覧いただきながら全体のイメージをつかんでいただくということと、その構成が五つの切り口でつくられていますので、そのことを中心になるべく簡潔に説明をしておきたいと思います。

たぶん、個々の展示資料、それから映像等については、今日これからご登壇いただくみなさま方に、ステージ奥の映像画面を使いながら、あらためて触れていただくということになるだろうと思います。

「複雑な戦後」と五つの切り口

「戦後日本の大衆文化」ということで展示を構想していくときに私がイメージしたキーワードは、「複雑な戦後」ということです。これは裏返すと特に一九八〇年代からと申し上げていいと思いますが、戦後というものがものすごく単純化して語られてきた歴史がある。少なくともここ二十数年そういう傾向がかなり顕著だと見えます。これは歴史学、特に現代史研究については重要な問題で、こうした傾向についてどのように向き合うか、現在も問われている喫緊の課題だと思います。たとえば戦後というものを非常に単純なかたちでイメージをつくり、それをいわばまるごと否定するというような風潮ですね。それは「戦後政治の総決算」から「戦後レジーム」の超克、さらには憲法九条改正論などの言説を支えているものだと思います。さらに映画「三丁目の夕陽」のような「高度経済成長」時代に対するノスタルジーが、メディアを通して増幅されているのも、単純化の一例でしょう。

それらのイメージは一面の真実を表現しているところはあるのですが、それをつないでいって「戦後日本」という時代を描き出せるかといえば、相当疑わしいというほかありません。今日ご来場いただいているみなさんのなかには、戦後という時代そのものを生きてこられた方もたくさんおられると思います。それぞれの時代、自分は何歳ぐらい、どこにいてどんな仕事をしながら、何を考えながら生きていたのか。そのような方々にとっては、その時代の一刻一刻は、その都度実に複雑な矛盾を含んだアンビバレントな、あるいは両義的な一瞬であったのではないかと思うんですね。一人ひとりが迷いながら歩いてきたのが戦後という時代であった。

そういう意味では、われわれ一人ひとりが生きてきたそれぞれの場所から改めて戦後というものを思い出す、戦後の記憶ということでもありますが、そこで改めて今日において戦後日本とは何だったのかということを考えようというのが、今回の展示の基本的な考え方の一つです。

これについては、日本だけではなくて特にアメリカの研究者の中にも同じことを言っている方がいます。一人だけ代表的な人をあげれば、コロンビア大学におられたキャロル・グラックさんという女性の研究者です。彼女は特に明治の天皇制を専門とされている方ですが、戦後日本についても総括的なイメージを提起し、日本の研究者にも多くの刺激を与えてきた人の一人です。

実は「複雑な戦後」「多様な戦後」という視角は、グラックさんも繰り返し主張されてきた論点です。グラックさんは、一九九五年の雑誌『世界』に「戦後五〇年―記憶の地平*」という論考を寄せられ、日本の「戦後」を五つに類別され、ひとつの図式を提起されました。それは「神話的歴史としての戦後」「戦前の逆としての戦後」「冷戦としての戦後」「進歩的戦後」「中流階級の戦後」の五つです。この五つの「多様な戦後」のイメージは、私のなかに残っていて、今回の「現代展示」の枠組みを構想するとき、大きなヒントの一つになったことを感謝したいと思います。しかし、「神話的歴史としての戦後」が敗戦というゼロ地点をはさんだ明暗の転回点という断絶はそのとおりなのですが、その転換点で起った歴史内在的な実質をどこにとるかで戦後認識の枠組みは変わってくる。その意味でもう一歩踏み込んで、その実質を対象化すべきではないかという感想をもちました。「喪失と転向としての戦後」というネーミングはそこから生れています。また「戦前の逆としての戦後」という類型化において、グラックさんは広義の「戦後改革」を想定されていますが、ここでもその歴史内在的な実質を問えば「民主主義」そのものの問題となるでしょう。また「進歩的戦後」という言葉で含意されている広い意味での「戦後革新」の言説と行動、そしてヴィジョ

*のちに、キャロル・グラック『歴史で考える』岩波書店、二〇〇七、所収。

ンも、もちろん重要な問題ですが、「民主主義」としての戦後の実質というカテゴリーに含まれると思われました。

その結果、今回の歴博「現代展示」（大衆文化）の構想は、「喪失と転向としての戦後」、「冷戦としての戦後」「民主主義としての戦後」「中流階級化としての戦後」そして「忘却としての戦後」の五つのイメージとして設定されることになりました。これらのキーワードに示した「冷戦」と「民主主義」と「中流階級化」などという言葉は、ある意味では誰でも戦後日本ということを考えるときにすぐに浮かんでくるイメージだろうと思います。

その三つのイメージを中核において、敗戦前後の「喪失と転向」をはじめにおき、締め括りに「忘却」というイメージをおくことにしました。これはあとでお話するように、「戦後」が一方では忘れてきた、戦争と原爆と植民地の体験と記憶の領域であり、言い換えれば日本の「戦後」がはじめから背負い、それに拘束され、未だそこから完全には脱却できない論点だからであります。

レジュメに図面がありますので、そちらをご覧いただけますでしょうか（次掲の表と平面図を参照）。今回オープンする展示室は、二つの大きな部屋から成っています。この図面は二つ目の部屋になります。この図の上の方にありますのが第一の展示室で、主に一九三一年の満州事変から敗戦までの戦争の時代を扱う部屋になっています。

それを受けて二つ目の部屋に入ってくるということになります。真ん中の上の方に

◆歴博　総合展示第6展示室「現代」のテーマ

大テーマⅠ　戦争と平和

〈中テーマ〉　〈小テーマ〉

1. 膨張する帝国
   - ①日清戦争・日露戦争
   - ②満州事変から日中戦争へ
   - ③帝国内の「人」の移動
2. 兵士の誕生
   - ①軍隊のシステム
   - ②入営と見送る人びと
   - ③軍隊の日課
3. 銃後の生活
   - ①勤労奉仕・軍事援護
   - ②慰霊と顕彰
4. 戦場の実相
   - ①中国戦線
   - ②対米英戦
   - ③〝決戦〟下の国民生活
   - ④大量殺戮の時代―沖縄戦と原爆投下―
5. 占領下の生活
   - ①戦争の終わり
   - ②占領期の食糧事情と農村社会
   - ③焼跡・闇市と人びとの生活
   - ④民主化とタケノコ生活
   - ⑤占領政策の転換
   - ⑥終わらぬ戦後

大テーマⅡ　戦後の生活革命

〈中テーマ〉　〈小テーマ〉

1. 高度経済成長と生活の変貌
   - ①産業化する日本列島
   - ②公害列島日本と人びとの暮らし
   - ③家庭電化と都市型生活
   - ④消費社会化と生活変化
2. 大衆文化からみた戦後日本のイメージ
   - ①喪失と転向としての戦後
   - ②冷戦としての戦後
   - ③民主主義としての戦後
   - ④中流階級化としての戦後
   - ⑤忘却としての戦後

第6室「戦後日本の大衆文化」のテーマ構成

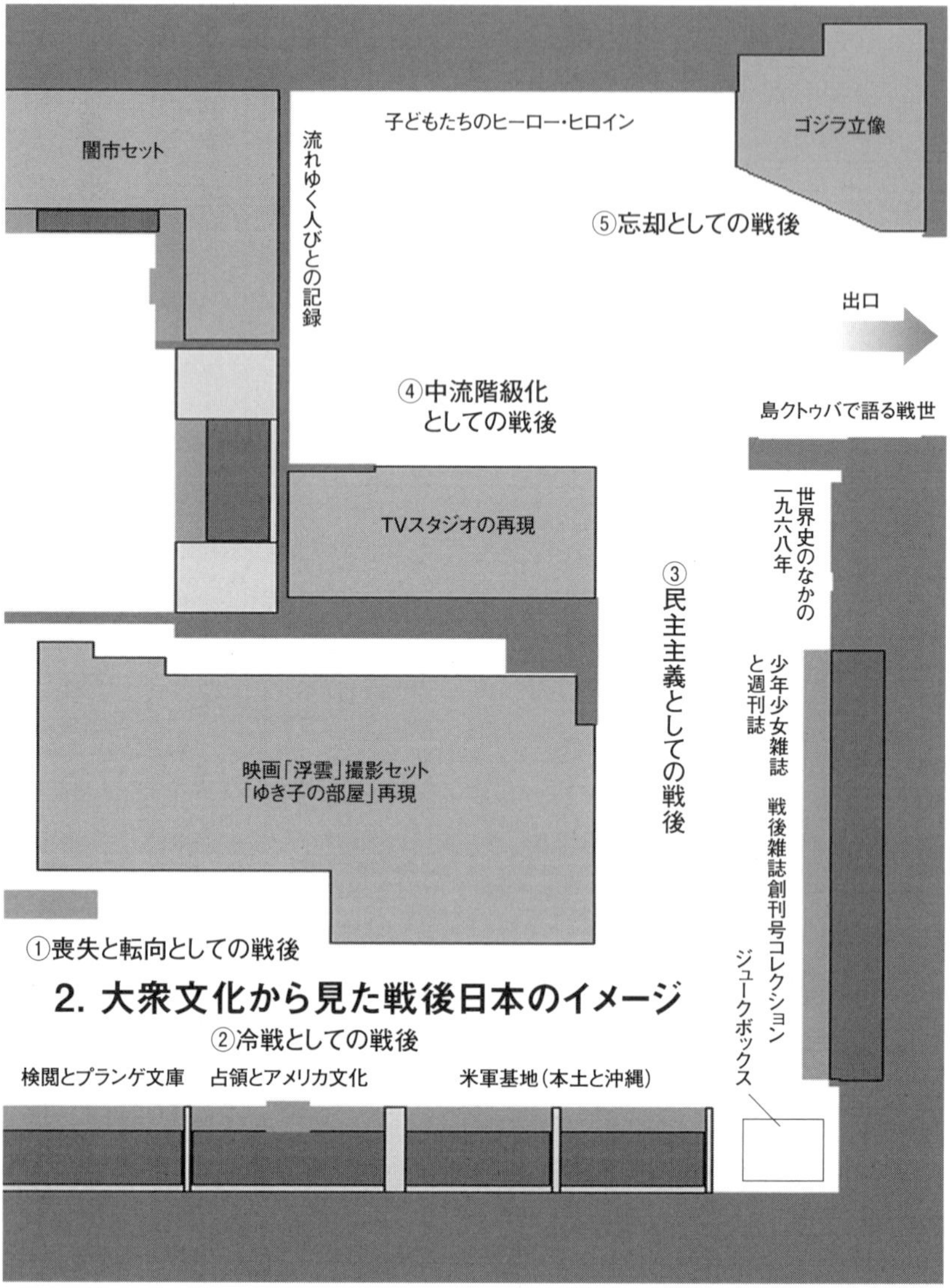

闇市セット
流れゆく人びとの記録
子どもたちのヒーロー・ヒロイン
ゴジラ立像
⑤忘却としての戦後
出口
④中流階級化
としての戦後
島クトゥバで語る戦世
TVスタジオの再現
③民主主義としての戦後
世界史のなかの一九六八年
少年少女雑誌と週刊誌
戦後雑誌創刊号コレクション
ジュークボックス
映画「浮雲」撮影セット
「ゆき子の部屋」再現
①喪失と転向としての戦後
2. 大衆文化から見た戦後日本のイメージ
②冷戦としての戦後
検閲とプランゲ文庫
占領とアメリカ文化
米軍基地（本土と沖縄）

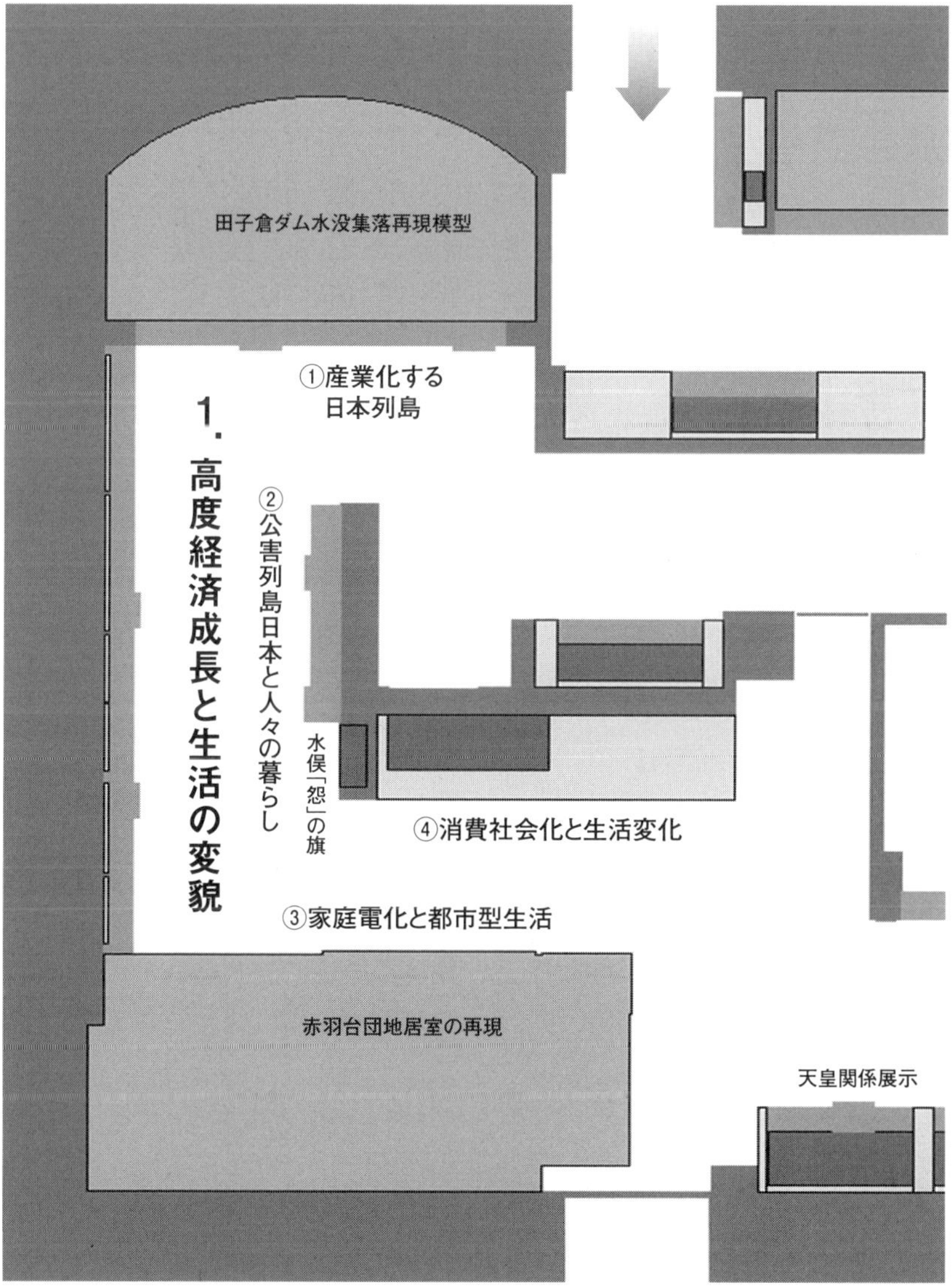
田子倉ダム水没集落再現模型
①産業化する日本列島
1．高度経済成長と生活の変貌
②公害列島日本と人々の暮らし
水俣「怨」の旗
④消費社会化と生活変化
③家庭電化と都市型生活
赤羽台団地居室の再現
天皇関係展示

「戦争の終わり」と小さな字で書いてあるところが、二つ目の部屋、「戦後」の時代の入り口になります。そこから導線に沿って占領の時代についての展示があり、そして左側のタテに長い部分がいわゆる高度成長の時代です。

今回のフォーラムで直接対象にしていますのは、そこをぐるっと回ったところの2と書いてあります「大衆文化からみた戦後日本のイメージ」という中テーマが柱ということになります。ここでは、小さな字で、先ほど申し上げましたが、第一に「『喪失』と『転向』としての戦後」、第二にその下側のところに「冷戦としての戦後」、それから右側の壁面のところに三番目の「民主主義としての戦後」、そしてそこを真っ直ぐに行って左側の部分に第四の「中流階級化としての戦後」、そして奥まったところに最後の五番目「『忘却』としての戦後」という配置で、これらを五つの小テーマとして大衆文化の展示を行いたいということです。

なぜ大衆文化なのか

それではなぜ大衆文化なのかということですが、まだ現在のところ大衆文化を軸にして戦後を描くという試みは必ずしも一般化しておりません。普通、「戦後」の歴史を描くときは、政治からはじまって経済、社会、教育、文化という慣例的な序列があって、文化はいつも最後に置かれているという構成になっています。しかも文化のなかでも大衆文化が直接対象になることはほとんどないのではないでしょうか。しかし実は文化そのものが私たちの生活のなかで持っている意味は、どこにあるのでしょうか。今回はそこに焦点を当ててみたいと考えたわけです。

戦後日本社会というのは、いうまでもなく大衆社会というかたちで広がります。もちろん一九二〇年代にその萌芽はありましたが、それが全面展開していくのは高度成長期になるわけです。そういう意味で大衆社会、そしてそのなかで人々が生きるある意味での柱のようになって、大衆文化はわれわれのなかに浸透しているわけです。その実態というものをどのように考えるかという問題です。それは映画やテレビなどを見るということだけではなく、そこで生産されるイメージがわたしたちの生きるかたちに大きな影響をあたえている。つまり表象されるイメージがわたしたちの生きる行動や方向性を規定していく。そういう時代が、大衆消費社会という時代ですね。

われわれが生きていくためには衣食住が必要ですし、もちろん社会や政治に関するリアルな事実認識も必要です。それは言うまでもありません。しかし同時に、たぶん一言で言ってしまえば、われわれは生きていく上では虚構が必要なのではないか。これが言わば文化、大衆文化に向き合うときの視点です。その虚構というものを具体的な名前で、例えば夢といってもいいし、あるいは社会を変える展望といってもいいと思います。つまり虚構なくして社会は動いていかないのではないか。そこのところが文化を考えるときの一つの視点だというふうに設定したいと思います。

後でお話が出ると思いますが、例えば映画のようなまさに虚構の文化は、膨大な人たちの膨大な努力によって、言わばものすごく大きな虚構を作るわけですね。それは事実ではないと言われてしまえばそうですが、事実ではないかもしれないけれども、その事実の奥により深い真実を含むということです。ですから、そういう視点が必要だし、そしてそういう視点から戦後日本というものをもう一回見直してみたいということが、ここでの基本的なスタンスということになります。

①「喪失」と「転向」としての戦後

それでは、今申し上げた五つの切り口と、いくつかの具体的な展示資料に触れていきたいと思います。大衆文化のコーナーの五つの小テーマがそれにあたるわけですが、これに沿ってまいります。

まず最初は「喪失と転向」です。これは戦後直後に起きた出来事のある種の象徴のようなかたちでこのキーワードを選んであります。一つは何かが根底的に失われたという「喪失」の経験です。これは大日本帝国といってもいいし、大東亜共栄圏でもいいし、その中を真面目に生きたわれわれ自身、一人ひとりと言ってもいい。そこで何かが決定的に崩壊した、これが敗戦直後に直面した事態だったと思います。この「喪失」という問題は、ある世代の人にはある。ある世代の人といっても、現代ではもうかなり高齢の方だと思います。その方の中には割合とリアルな感覚として残っているような気がしますが、そうではなくて、戦後は「解放」というイメージが一般化していきます。そういう意味では字義どおり「解放」でもいいのですが、むしろ同時に何かが決定的に崩壊したという経験との両義的な緊張こそが問題なんですね。実は戦後はここからはじまるのではないかということです。

それに引き続いて起こるのは何かというと、変わっていくということです。だから昔の自分ではない新しい自分に生まれ変わりたい。これがまさに「解放」であるし、戦後民主主義であるし、そして戦後の方向をどのような形で作り上げていくかというさまざまな模索がその中に込められているだろうと思うわけです。

今日のフォーラムの一つのテーマになっているのが、映画「浮雲」という作品なのですが、これは一九五五年（昭和三〇）に製作された東宝映画で、成瀬巳喜男監督の作られた傑作です。これが今回の展示の大きな目玉の一つになっています。展示室の平面図をご覧いただくと、ちょうど真ん中のところにあるのが、この映画の中の主人公、高峰秀子さん演ずるゆき子という女性が住んでいた焼け跡のバラック（物置）の模型です。これをそのまま復元してもらいました。

この復元模型にはいくつかの複合的意味を想定しています。その第一の意味は、まずこれが戦後直後の焼跡闇市の裏にあるバラックの「実物的」な模型だということです。それは空襲の焼跡に建てられた即製の住まいで、拾い集めてきた焼けトタンで屋根を葺き、焼け残った木材で作られています。板戸にはすきま風を防ぐために古新聞紙がつめてあります。そしてイタリア映画「自転車泥棒」で有名なように、当時貴重品であった荷台のついた自転車も雑貨屋の物置にふさわしく小道具として設置されています。

第二の意味は、この映画そのもののテーマがまさに「喪失」であるということです。あとで竹中さんから詳しいお話があると思いますので、ここでは簡単にお話しておきますが、この映画は戦争中、仏印ダラットで知り合い、愛し合った男女が東京に引き揚げてくる。焼け跡の街に引き揚げてきた彼らにとって、自分たちが最も輝いていたのは、かつて大東亜共栄圏下にあった仏印ダラットでの時代なのです。その意味で彼らの「戦後」は崩壊の経験といえるでしょう。だから彼らには転向はありません。彼ら二人はその記憶を保ったまま戦後を生きていきます。そういう意味で、まさに「喪失」という経験に殉じた庶民の物語の象徴という位置づけといえるのではないでしょうか。そのことが「戦後」の日本人の経験の隠れた奥に存在している。

また第三の意味は、この模型の展示が「実物」ではなくて映画のセットだということです。占領期の展示の場所からみると焼跡のバラックに見えるのですが、正面に回ってみると、模型のすぐ脇にミッチェルという映画の撮影機や照明器具、カチンコなどの機材が置かれているので、まさに映画のセットと分るようになっています。そういう意味で言えば、さきほど申し上げた虚構というものによって、あるいは表象というものによって作られている事実よりも本当らしい真実というものの、いわばイントロダクションというような形で置かれているということです。

多くの日本人の経験は、映画「浮雲」で描かれた「喪失」に殉ずる経験は例外的で、むしろ大多数の人びとは戦後社会に順応して変わっていくわけです。これを「転向」という名前でとりあえず呼んでいます。おそらく二段階で日本人は変わったと思われます。一つは八・一五を境にして「戦前の自分」から「戦後の自分」へ変わります。それからもう一段階、たぶん高度成長期にもう一回変わったのではないでしょうか。そこでは「戦後の自分」から「繁栄のなかの自分」への「転向」。タッチパネルに収録した映画「秋津温泉」(吉田喜重監督、松竹、一九六二)はその意味での「戦後」の「再転向」をテーマにした映画でした。* ですから戦後五〇年、六〇年という触れ幅で考えると、どこの節目でわれわれはどう変わったかという問題になります。これは思想史研究の分野では、戦後転向論という名前で呼ぶわけですが、そういう視点を加えながら考えていきたいということです。

②冷戦としての戦後

そして二番目が「冷戦としての戦後」です。

ようやく一九八九年のベルリンの壁崩壊と、そしてロシアの解体によって冷戦は終わりますが、日本の「戦後」はまさに文字通り冷戦のなかにありました。日本の場合、冷戦の大きな特徴は、アメリカ帝国経験といえるでしょう。それはアメリカとのアン

＊本書付録「タッチパネル収録映像作品解説」の解説も参照。

ビバレントな関係を特徴としています。つまり一方では親しい、楽しいアメリカのイメージが浸透してくる、他方では米軍基地に象徴されるような怖い不気味なアメリカのイメージ、この二つが背中合わせのようにはりついて戦後日本を規定している。われわれのなかにも実は二つの魂があって、それが時期によってどちらの面が表面に出るか、それによって日本の戦後は大きく揺れ動いていくことになります。六〇年安保闘争などもその文脈にあるわけです。

③民主主義としての戦後

三つ目は「民主主義」ということです。

戦後とは、占領軍がもってきた民主主義が拡大されるとともに、それがどの程度、定着したかという問題が問いつづけられた時代でした。もちろん戦後改革全体についての多岐にわたる展示はスペースがなくて到底できないのですが、この「大衆文化」のコーナーでは、表現としての民主主義、表現の自由という視点にたって考えることにしています。なぜなら表現の自由は、市民的自由の根幹にあるからです。戦後直後、さまざまな意味での表現が解放される。それは言論・出版の自由、また集会・結社の自由の「解放」として「民主主義」の時代が出発するわけです。そういう背景のなかで戦後直後からさまざまな雑誌が続々と刊行されていきます。

たまたま歴博には「雑誌創刊号コレクション」という膨大な資料群があります。これを展示室の一角の壁面全体を使い、相当多数の創刊号雑誌を展示する予定です。この展示の一つの眼目は、たとえば一方には、岩波書店の『世界』という知識人むけの総合雑誌がある一方、他方では、たとえばカストリ雑誌と呼ばれる雑誌が山のように出版された時代でした。つまり「戦後」という時代は、こうした総合雑誌とカストリ雑誌がすぐ隣に並んでいた時代というイメージですね。そしてこうした形ではじまった「戦後」は、たぶん昭和三〇年代になるとまた分化する。つまり教養主義と大衆文化は分化する。そういうような文脈を考えますと、実は戦後直後の時代というのは、かなり独自のユニークな性格をもった時代だったということが見えてくるのではないかと考えたりしているわけです。そんな趣旨を生かした展示にしたいと思っています。

④中流階級としての戦後

四番目は「中流階級化」です。

高度成長が進展するにつれて、さまざまなモノが生活のなかに入ってきます。それが「三種の神器」（テレビ、電気洗濯機、電気冷蔵庫）に象徴されるわけです。高度成長のところで団地の模型がおかれていますが、そういう中流階級化としての生活を、いわば背中から押して実質化していったのが、いいかえれば「中流階級化」の方向に誘導していく装置の一つがテレビCMだったわけですね。今回の展示では図面の真ん中あたりのところにテレビ・スタジオのセットを作りまして、そこにモニターを何台

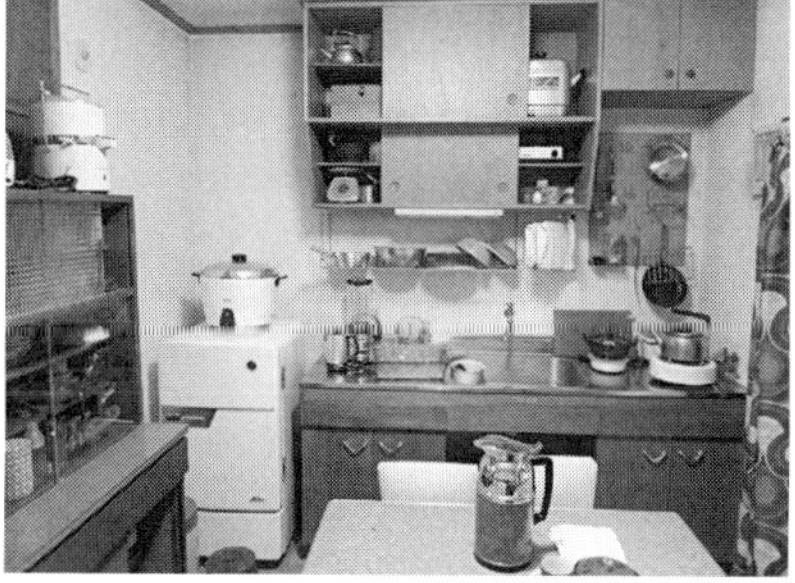

＊赤羽台団地再現模型
（歴博所蔵）

か埋め込みました。そして歴博に所蔵している全部で四〇〇本ぐらいのCM映像コレクションがありますが、その中から一九六〇年代から七〇年代を中心に代表的な作品を何本か選んで配列し、CMそのものの変化の中に、逆に時代がどのように映っているかということを見ていただきたいと思っています。CMというのは絵に描いたように時代をよく写します。そういう意味で、これは資料論の研究としても今後開拓していかなければならない研究だと思います。

⑤「忘却」としての戦後

そして最後は、「忘却」というテーマです。これは一言で申し上げると、戦後日本というのは何かを忘れてきた歴史ではないかということです。たぶん大づかみに言って「忘却」には三つあるだろうというのが今回の観点です。一つは戦争、もう一つは原爆。そしてもう一つは植民地です。

おそらく高度成長の一九五〇年代半ばぐらいから、「戦争体験の風化」という言葉を通して、この「忘却」の問題が議論されてきたと思います。言い換えれば、「戦後日本」というのは、一方では「忘れる」力が働き、他方では「忘れてはいけない」という力がせめぎあう磁場ともいうべき場所だったのではないか。一方では、過去の戦争を美化する大衆映画が作られるとともに、戦争の悲惨さを追及するさまざまな映画やドキュメンタリーも作られてきました。今回の展示では、こうした「忘却」と記憶の問題を考えていただくため、戦争・原爆・植民地に関する映像作品をタッチパネルに収録しました。

もう時間がありませんので、あまり詳しいお話はできませんが、ここでは二本のテレビ作品を紹介しておきます。一つは一九六三年（昭和三八）に日本テレビで放映された大島渚監督の「忘れられた皇軍」、もう一つは一九七〇年（昭和四五）にＴＢＳで作られた「未復員」というドキュメンタリーです。*

「忘れられた皇軍」というのは、一言で言いますと戦争中日本軍兵士として駆り出され、負傷を負った朝鮮半島出身の人々の「戦後」を描いたドキュメンタリーです。彼らは敗戦後、日本国籍を剥奪され、軍人恩給をあたえられないまま放置されます。彼らは傷痍軍人として生活しているのですが、彼らは補償をもとめて、日本政府や韓国代表部政府などに請願するが、いずれからも追い返されてしまいます。

この作品は、二つの国家のはざまで放置された人びとの実態を描き、植民地の「忘却」を鋭く告発する作品となりました。

もう一つは「未復員」という作品です。国立武蔵療養所とは、三鷹にあった療養所ですが、ここは戦争中に精神障害を負った兵隊たちが収容されていた場所です。戦後十数年、あるいは二〇年以上経っても彼らの記憶は戦争中で止まっています。ですから白衣を着た先生と廊下で会うと直立不動の姿勢をとって「軍医殿」と敬礼をする。このドキュメンタリーは、彼ら一人ひとりのインタビューを通して彼らの内面を追っ

＊付録「タッチパネル収録映像作品解説」の解説も参照。

ていくという形で構成されています。そして彼らの最大の望みはもう一度故郷に帰って家族と暮らしたいということなのです。この製作スタッフは家族をさがし交渉したりしますが、ほぼことごとく家族の人から拒絶されます。その理由の一つは「家庭が乱れてしまう」ということでした。このドキュメンタリーが提起していたのは、一つはいうまでもなく戦争体験の問題、もう一つは戦後日本にとって家族とは何なのかという問いかけです。

そしてこの展示室の最後には、東宝映画「ゴジラ」の大きな模型を置きます。一九五四年（昭和二九）一一月三日に映画「ゴジラ」は封切られて登場しますが、その年の三月一日、南太平洋における水爆実験による第五福竜丸事件が起きていました。ゴジラはその後中断を挟みながら八〇年代から二〇世紀の世紀転換期にかけて、数多くの作品が作られました。言ってみれば、ゴジラは核が存在する限り日本にやってくるわけですね。ゴジラは、放射能をかたちにするとどうなるかという大衆文化の想像力が生んだ戦後大衆文化の最大のキャラクターと申し上げていいのではないかと思います。さらに沖縄戦の体験記録を「島クトゥバ」（沖縄語）で語る聞書き映像を展示したいと思います。この点は、コメンテーターの仲里効さんからお話があると思います。

短い時間でしたが、いくつか代表的なものを拾いながらお話しました。全体のイメージは、ほぼそのような形で改めて複雑な戦後というものを、多元的な資料を使いながら展示し、「戦後日本」という時代のもった意味をともに考えていきたいと思います。簡単でございますが以上で私の趣旨説明を終わらせていただきます。ありがとうございます。

基調講演

大衆文化からみた戦後の日本社会

荒川章二　静岡大学教授

はじめに

静岡大学の荒川と申します。よろしくお願いいたします。

私の場合、歴博の現代展示設計について主に関わってきましたのは、戦後の大衆文化というよりも戦争展示の部分であり、この場の基調講演の担当者としてはいささかふさわしくないと自己認識をしています。本来、いただいた演題である「戦後大衆文化」を語るとなれば、ただいま二〇分でみごとに全体像をお話になった安田常雄さんが最適任者でしょう。ここでは、大衆文化に即してというよりも、「大衆文化からみた戦後の日本社会」というタイトルからは一寸はずれてしまうかもしれませんが、歴博の現代展示が、どこまで戦後という時代を表現しているのかという観点からお話ししてみたいと思います。つまり歴博の戦後展示というのが戦後の日本社会を、あるいは政治も含めた戦後の政治・社会・文化を、どこまで射程に入れているのかということ、また実際の展示では文化という角度から切り込んでいくわけですが、それがどういう有効性をもっているのか、そのあたりから、この基調講演を考えてみました。

同時に、いま安田さんがたいへん的確に展示の意味を話されましたが、それを裏付ける具体的な展示について、未だ制作作業途中のものではありますが、少しばかり画像を用意してきましたので、展示紹介も含めるかたちで基調講演のつとめを果たしたいと思います。また、報告の最後のところで、展示では射程に入れられなかったといいますか、これからの課題として残ったと考えられるいくつかの問題の指摘もしてみます。

私のレジュメは六ページから九ページまでです。そちらをご覧ください。1では、歴博現代展示の意義を考察する視点、というよりも手掛かりをあげておきました。まずはそうした手掛かりのようなことから話をはじめていきたいと思います。*

1、歴博現代展示の意義を考察する視点＝日本の「戦後」という時代

(1)「戦後」、あるいは「戦後日本」とは？　＝起点と終焉

まず演題に関わる「戦後」ということです。戦後の日本社会という場合の日本の戦後というのは、どういうふうに大枠でとらえられるのか、いつからいつまでだろう、

*当日のレジュメは割愛し、適宜本文や脚注欄に収めた。

という問題に少し触れておきたいと思います。

　単純に考えて一九四五年（昭和二〇）の八月一五日から戦後がはじまるというのが、一番分りやすい考え方です。そのこと自体は何ら間違いではないわけですが、「戦後社会」をどのように性格づけるかによって、その出発点についても、必ずしも一様ではありません。そのことを少し念頭に入れておいたらいいのではないかと思います。

　そうであれば、戦後社会というのはいつ終わったのか、あるいはなお続いているのか、という終期についての見解も分かれてきます。通常の日本近代史の歴史区分において、日清戦後、日露戦後、第一次世界大戦後、などの「戦後期」につき、その始期と終期についてさほど大きく見解が分かれることはなく、またそのばあいの「戦後」という時代は、せいぜい一〇年程度であって、そう長くはないのですが、第二次世界大戦ないしアジア太平洋戦争の場合の「戦後」のとらえ方はそう単純ではありません。終わりについても、一九五二年の占領終了時期、あるいは、高度経済成長が始まる一九五〇年代半ば、高度経済成長が終わった一九七〇年代半ばないし一九七〇年代まで、さらに一九九〇年代半ばまでの長い戦後というとらえ方、加えて戦後は終わっていないという把握もあり得るでしょう。ここで私なりの結論を提示することはしませんが、戦後社会とはいつからいつまでなのかという問題を考える手がかりとなる文献について、最近刊行された戦後日本の通史のうちから四点の著作をレジュメで取り上げておきました。

吉見俊哉『シリーズ日本近現代史⑧　ポスト戦後社会』岩波新書
雨宮正一『シリーズ日本近現代史⑦　占領と改革』岩波新書
大門正克『全集日本の歴史15　戦争と戦後を生きる』小学館
荒川章二『全集日本の歴史16　豊かさへの渇望』小学館

私の著作も入っていますが、この一〜二年のうちに刊行され、戦後日本に関し単著として執筆された通史を並べてみました。三つ目はこの後お話をなさる大門正克さんの著作です。私と大門さんの著作は小学館の「全集日本の歴史」というシリーズですが、上の二つはそれに先立って岩波新書で近代日本の通史のシリーズが刊行されたうちの二冊です。吉見俊哉さんと雨宮昭一さんの作品です。

吉見さんの場合は、一九七〇年代の中頃ぐらいで「ポスト戦後」に入ったという捉え方をしています。一九四五年から一九七〇年代前半、特に一九五〇年代、六〇年代は朝鮮戦争・ベトナム戦争に象徴される戦時の影を非常に強く残した時代ととらえ、これが一九七〇年代ぐらいから産業構造の転換を背景にして非常に成熟した大衆消費社会に入ったというとらえ方をします。政治的枠組みとしては、福祉国家から新自由主義国家への路線転換としてとらえられ、政治史的には中曽根民活が特に重視されます。一九七〇年代の中頃、戦時の総力戦体制との連続性を強く持った「戦後」という一時代から「ポスト戦後」という新しい時代への転換が始まった。そうした時代把握を象徴する形で「ポスト戦後社会」というタイトルになっています。

それに対して雨宮昭一さんの場合は、「戦後体制」というものをかなり複合的にとらえています。戦後体制とは戦勝国主導で作られた体制であり、そこに冷戦体制というものがかぶさってくる。さらに日本の政治体制としては一九五五年体制というものが入ってくる。一九五五年体制とはややずれると思いますが、それとあわせてこの時期に「日本的経営」といわれる経済の体制が確立をしてくる。そしてこれらは日本国憲法という法体制のもとに成り立っています。戦後体制というものがいくつかの段階を隔てて、一九五〇年代の半ばぐらいに確立したという捉え方になると思います。

こういう捉え方をしていきますと、例えば冷戦というのは一九九〇年代の初頭には解体されてきますから、「戦後体制」は一九九〇年代の前半ぐらいには終わっていく。同じ頃日本的経営もずいぶん見直しが進んでいるわけで、そういう点からしますと九〇年代の半ばぐらいから新しい時代に入っていったということになるでしょう。それがどこに行くのか、その方向はまだ明瞭ではありませんが、一九九〇年代の半ばぐらいが「戦後体制」から次の時代への画期という捉え方になると思います。

大門正克さんの場合ですが、「戦後」の捉え方に注目すると、「戦後の出発」という言い方と「戦後社会をつくる」という使い分けをしています。戦後社会はつくられたものなのだということです。その場合の「つくる」とは、生存の仕組みを変えることに焦点が当てられています。まさに自分たちが生きる、生き抜く新しい仕組みですが、それまでが命を捧げる時代であったなら、そこを変えて自分たちが生きる仕組みを自ら創っていくという、そうした民衆的能動性・主体性により表現された時代として戦後社会が形成されていく。そして、おそらく一九五〇年代、とくにその半ばが、「戦後社会をつくる」過程の画期をなす、という見方ではないかと思います。

私の場合もよく似た捉え方をしています。レジュメで「「戦後」という政治空間を活用して」というのは、戦後改革により新たに現れた政治的条件ですが、それを活用しながら「国民」自らがさまざまな形で主体的に関与して、そのさまざまな関与、まさに複合的なさまざまなベクトルが絡むわけですが、そうした絡み合いの政治力学のなかで形成された社会として「戦後社会」を考えています*。

以上、戦後という時期をみる指標をどう取るかにより、時代区分も論者により異なってきます。その中で、歴博展示が対象とする時代との関係では一九五〇年代の捉え方が重要でしょう。この時期は政治や経済だけでなく、農村的な社会から都市的な社会に決定的に変わっていく時代です。そのような一九五〇年代を歴史段階の中でどう位置づけるのか、その辺の見方の相違が時期区分の差異として現れているように思います。

(2) 戦後社会・戦後体制を特徴づける枠組み(一試論)

レジュメの(2)の部分は、最初に申しましたように歴博の現代展示の射程がどこまで

*この時期は、「帝国」崩壊後の戦後的な新たな国民化の過程、国家観形成の時代でもあったという意味で、「国民」という立場からの「主体」化として描いている。別な側面からみれば、このような主体化の特質は、在日朝鮮人等の権利要求と時に矛盾し、影響を与えることになる。

及んでいるのかを計るための一つの目安として作った視点とキーワードみたいなものです（表参照）。*

先ほど安田さんが大衆文化的側面から五つの切り口を提起されましたが、私が記載した「枠組み」は、もう少し広い政治社会を含むような視点とキーワードから組み立てています。大きく五つ考えられます。Aは（敗戦と植民地の喪失）です。喪失という問題は安田さんがおっしゃった大衆文化や精神面における喪失感を含みますが、ここで問題にしているのは敗戦、およびそのことにより植民地をすべて失ったことの意味をできるだけ広くとらえてみようと言うことです。

言うまでもなく日本は、連合国・国連の敵国ということで敗戦を迎えるわけです。従って国連加盟という形で国際社会に戦後日本が復帰するには、一〇年余りの歳月を必要としました。国際社会は、そんなに簡単に対等な一員として、かつての敵国を受け入れてくれなかったわけです。そういう戦後を、戦争と敗戦という過程はつくり出しました。当然のことながら旧植民地そして戦時の占領、そこでの占領中と交戦時の行為を戦後どのように総括するのかという問題をこの結果は一挙に顕在化させ、総括への態度は、その後長きにわたり国家観をめぐる争点であり続けることになります。また、強制連行を含む形で日本にわたってきた植民地朝鮮生まれの人びとの滞留。こうした、国内的にも目に見える形で現れていた植民地支配責任問題とどういうふうに向き合うのか、通例の移民とは異なる過去の日本の責任から生じた在留者の存在、こ

＊当日のレジュメをもとに作表した。

表　戦後社会・戦後体制を特徴づける枠組み（一試論）

A　敗戦と植民地の喪失

国連・国際社会との関係、旧植民地・戦時の占領地域との関係、「在日」の人々、戦死者、遺族、孤児、被爆体験、空襲体験、地上戦体験、戦後住宅問題
内需の振興、貿易関係の再構築、産業技術の立て直し、閉じた国際感覚
地域開発（植民地開発から国内開発へ）、エネルギー転換、公害問題（→人権）、国内交通網

B　占領～日米安保条約

民主化、従属、ナショナリズム、沖縄占領・軍事基地化、ビキニ被爆
米軍基地ネットワーク、兵站、訓練基地、米軍維持費、治外法権、地方交付金
アメリカの生活・大衆文化

C　日本国憲法

象徴天皇制、9条、人権、民主主義、平等、女性の社会的地位、家族・家庭
福祉政策

D　東アジアの冷戦・熱戦

中国内戦、台湾問題、朝鮮戦争と分断国家、再軍備、ベトナム戦争、アジアの軍事独裁国家と日本、軍需生産

E　都市化

都市人口、大衆社会化、マスコミ、大衆文化
都市問題、就業の変貌（雇用、賃金、査定＝評価と能力の仕分け）、労働問題と労働組合運動
都市家族、都市住宅、少子化と高齢化、進学熱と学歴社会化、教養と自己主張、市民運動
消費社会化、家庭電化、豊かさと夢
自然環境観、土地への観念、食意識、ものを作る・働く・協業への意識、歴史意識

ういう問題も日本の戦後社会を特徴づけていきます。

その他、多くの戦死者を生み、多くの遺家族・孤児を生みつつ日本は敗戦を迎えました。そして敗戦への最終過程では被曝、都市空襲を頂点とする空襲体験、そして沖縄では激烈な地上戦体験に及びます。アジア太平洋各地の戦場・占領地での敗戦体験を含むこれらの戦争・敗戦体験が戦後どういう意味を持つのか、〈敗戦と植民地の喪失〉というキーワードはそういう問題群にも及びます。また、この空襲被害は戦後の住宅難、住むという問題にもつながります。戦後すぐに都市住民を悩ましたものは住む場所をどう確保するかという問題でした。

レジュメには次いで「内需の振興」、「貿易関係の再構築」等と書いてありますが、要するに植民地という経済圏を失ったこととの関連です。「植民地の喪失」の結果、新たな経済圏、経済体制をどう再建するのか、そういう問題でもあったわけです。世界恐慌以来の日本経済は外需・軍需に舵を切っていきますが、国内資源と生活関連の内需を振興するところから戦後の出発をし、次いで貿易を再構築していきます。さらに日本は重工業の技術において遅れをとったわけですが、産業技術をどう建て直し、どういう産業技術を伸ばすのか、あるいはどのような部門の産業技術開発が抑制されたのか。そういう経済・貿易・産業技術などの領域にもAの問題は関連してきます。

「閉じた国際感覚」に関してエピソード的に述べます。戦前を体験された年配の方にインタビューをした時に印象深く感じる点ですが、特に兵役で海外勤務を経験し、引き続きアジアでの生活を継続した男性の場合、朝鮮半島から「満州」をまたぐ移動でも、さも日常的なことであったという感覚で話をされます。植民地帝国的広がりの中で、多数の人びとが移動し、生活を根付かせ、アジア社会を見ていた、その中で培われた地理感覚をもっていたことになるでしょう。戦後はそれが一挙に閉じられていくのだろうと思います。戦後日本人の地理感覚、国際的感覚の変化もこの敗戦と植民地の喪失に大きな影響を受けました。ただし、植民地の支配民族的意識はさほど揺るがず、閉じた日本本土という空間の中で、かつての優越的生活への追憶が、戦後日本とアジア諸国の生活格差を背景として、再生産され続けます。

さて、内需の振興と重なりあう形で国内諸地域の開発に力が注がれました。植民地での経済開発から国内開発への転換でした。しかし、植民地での利権を享受した企業とその社員が日本に戻り地域開発主体になると、場合によっては国内が植民地的に扱われことになります。その最たる例が水俣で現れたと言えましょう。そして地域開発の延長上にエネルギー転換と相俟った形で石油化学コンビナート主体の開発が進行し公害問題が急速に深刻化しました。濃密な国内交通網の整備は、こうして生まれた地域の生産拠点を効率的につなぐ媒体として不可欠でした。

Bは〈占領～日米安保条約〉として、連合軍占領と、一面で占領期の米軍特権維持体制である日米安保体制をひとくくりにとらえてみました。

当然のことながら、占領目的は日本の非軍事化と民主化でしたから、戦前日本の政治・軍事体制は大きく転換し、一連の民主化政策は、日本国民の占領軍評価・対米観、さらに日本人の権利意識形成に大きな影響を残しました。一方で、米軍への権限を集中させた形態での占領の長期化、それによって形成された米軍特権の継続を保障した上での占領終結策であったサンフランシスコ体制と日米安保条約は日本の対米従属、および沖縄の長期占領という事態をもたらしました。

ここから日本人のナショナリズムや対米観は非常に微妙で、複雑な性格を持たざるを得なくなりました。戦前であれば国家主義的な右翼が大きな勢力を持っていたわけですが、政府権力とその外交が基本的に極めて親米的であり、再建された軍事力も米軍管理下に育成されたことから、国家主義的右翼が政治勢力としては成長しにくい政治環境が続くことになりました。そして対米従属を批判する左派的政治勢力が、国家的・外交的自立という面から国民のナショナリズムに少なからぬ影響を持ちました。

米軍占領下の沖縄は、米軍の東アジア核戦略の拠点として、冷戦下東アジアの軍事拠点・出撃拠点として、軍事基地機能が飛躍的に強化され、本土における非核・平和国家志向と深い矛盾を織りなします。本土の憲法の理想を虚構として意識せざるを得ないほどに軍事基地機能を高めた沖縄を含んだ日本列島をめぐる政治・軍事構造の総体が、サンフランシスコ体制でした。それゆえ沖縄の民衆運動は、反基地・反軍事（戦争）の平和意識を基底とし、他方に米軍支配からの脱却を願う植民地状況からの解放欲求を含み込んでいました。そしてこの後者の欲求が、日本復帰として政治路線化されたとき、沖縄復帰問題が日本のナショナリズムの行方に大きな影響を与える要素となっていきます。

現在もそうですが、日本の安全保障の中心的な問題の一つは、非核日本を標榜しているにもかかわらず、核に頼った防衛、アメリカの核の傘に日本は入りつづけているという問題だろうと思います。この構造が形成される過程に、ビキニ環礁での被曝の問題、被曝事件後の対応の問題が位置づけられるでしょう。

日米安保条約が締結されてからは、占領という目的に対応して設置された占領時代の基地利用が整理され、朝鮮戦争後の東アジア・アジア情勢をにらんだ戦略に即した在日米軍基地の整備や自衛隊との分業化が進められます。安保条約下の日本は、治外法権を保障した広大な土地を提供し、そこは兵站基地・訓練基地としての機能を果たしていきます。対外的出撃を前提にした基地を保障する安保体制と戦後体制の矛盾はここでも深いものがありました。その場合、地域内に基地を受け入れざるを得ない自治体には地方交付金が配布されました。そこからは戦後憲法により制度化されたはずの地方自治の権限をどう制約したのかという問題が現れてきます。

日米安保というのは軍事同盟ですから、軍事同盟を維持するためには軍事的技術の向上に対応して能力を向上させ、戦力を拡大することが義務化するということが起こりえます。それゆえ、米軍基地問題だけでなく、地域によっては自衛隊基地問題を生じさせ、さらに両軍の合同演習という演習場問題にも発展します。そして軍事問題は機密を伴うのが常ですが、米軍と自衛隊が相まって、軍事機密の領域を広げていきます。昨今、沖縄の核密約をはじめとする複数の密約の存在がマスコミを賑わしていますが、情報社会化が進んできたはずの戦後社会、民主的であろうと観念された日本社会の中に機密のベールに覆われた無数の軍事情報が存在してきたことを軍事と社会の関係の重要な側面として意識しておく必要があるでしょう。

最後に安田さんの話にもありましたが、一方で占領あるいは基地、米軍基地というのはアメリカの生活あるいは大衆文化に接する窓口といいますかショーウインドウ的な側面をもったわけです。そこから沖縄の例えばコザ文化など、アメリカの文化を吸収した上での独特のチャンプルー文化が生まれてくるという、そういう側面もあったわけです。

Cとして〈日本国憲法〉*です。これは戦後体制の枠組みの基本であり、この場で改めて立ち入る必要はないと思いますが、レジュメの最初にふれている象徴天皇制と九条、これは少なくともマッカーサーの構想の中ではセットだったというように考えていいと思います。基本的人権・民主主義的諸制度・法の下の平等は相互に密接な関連を持ちますが、特に、両性の本質的な平等（一四条・二四条・二六条）は、現在の地平からみれば、政治・経済・社会から家族生活にいたる民主化・平等化を徹底させる要となる制度設計でした。また、戦前社会が政治的には厳格な格差社会であったことを振り返れば、国籍を有する「国民」の枠内という限定はありますが、「法の下の平等」

*日本国憲法　一九四六年（昭和二一）二月三日公布、四七年施行。

は第一条（天皇の地位・国民主権）と対をなす戦後政治変革の重要条項でした。
生存権（第二五条）は、第二項の国の生存権保障義務規定とあいまって、社会福祉・社会保障政策の基盤となりますが、近年の経済格差拡大と並行して高まった自己責任論（強い個人論）を問い直す原点の一つとなるでしょう

Dでは〈東アジアの冷戦、熱戦〉として日本をめぐる東アジア情勢という枠組みを入れてみました。この枠組みは、Bの〈占領～日米安保条約〉とアメリカの東アジア戦略を媒介としてつながります。

レジュメでは中国の内戦と中華人民共和国の成立*からはじまりますが、これは日本占領政策、その性格に大きな影響を与え、変容を促しました。また、その結果として中国は本土と台湾が政治軍事的に対抗するある種の分断国家となります。既に朝鮮半島には二つの分断国家が成立し、冷戦の最前線となり、朝鮮戦争という熱戦に発展しますが、サンフランシスコ講和の後に、日本は台湾を承認し中国を否認するかたちで、東アジアのもう一つの冷戦にも関与することになります。米軍の兵站基地となった朝鮮戦争への関与ほど直接的ではないですが、一九五〇年代の日本は、東アジアをめぐる重層的な冷戦構造に中に深く組み込まれ、さらに、一九六五年の日韓条約後、韓国の軍事政権への経済協力など、アジアの冷戦構造の枠組みの中で、アジア諸国の国家体制にさまざまな形で関与をしてきました。

一九六〇年代から七〇年代前半に及ぶベトナム戦争も、南北ベトナムの分断・統一

＊一九四九年一〇月。

化という形で東西冷戦対立の焦点をなした戦争であり、日本は沖縄、および安保条約下の本土基地提供を主軸に、冷戦構造（その中での熱戦）に密接に関与していきます。一九七〇年代前半までの日本は、分断国家対立を最前線とする東アジア冷戦構造に深く関与し続け、その時代に形成された軍事外交的枠組みは、その後も影響力を保ち続けます。

Ｅは〈都市化〉としてくくりましたが、急激な都市社会化に伴う社会や生活から意識にいたるさまざまな問題群がその内容です。詳しくふれる余裕はありませんが、大都市人口が飛躍的に増え、本格的な大衆社会化状況を迎える、そして新聞雑誌メディア・放送等マスコミの影響が、世論や日常意識、志向、余暇まで広く深く及んでいく。同時に都市生活の充足をめぐって都市問題が噴出する。

都市の人口増加とそれに伴う雇用者の増加は、労働に対する感覚を換え、企業社会・職場での人間関係を前提にした人生設計を主流にしていきます。そしてサラリーマン的キャリア形成に適合的な都市家族が生まれ、新しい都市家族の生活様式として新型の都市住宅がつくられ、その中に大量生産された家電が入り込んでいきます。都市住宅の間取りに適合的で、学歴向上欲求を満たす家族数はおおむね二世代で四～五人であり、四人家族が標準とされていきます。そして、このような雇用者を主流とする新型都市家族の大量形成は、生産から消費と流通・交通の仕組み、さらに教育にいたる経済・社会の隅々まで影響を及ぼしていきます。

このような農業や農村から切り離されていく過程、農業国から非農業国へ短期で転換したことは、日本人の自然環境観、あるいは土地への観念をずいぶん変えたのだろうと思います。「金は一時、土地は万年」という言葉に象徴されるように、土地とは農産物を育て生活の糧を得る源泉であり、次の世代、さらに次の世代に引き継ぐものという土地観念・ゆったりした時間の中の資産感覚が主流であったとすれば、雇用者化と都市生活化は、自分で食べる物を自分で作る、自然と大地を相手にしながら生産する、家族や農村共同体の中で共に生きる、という感覚や経験を遠いものにしていきました。そしてそうした自然観の変化は歴史的時間観念や人びとの価値意識（特に効率化への高い意識）にも大きな影響を与えたのではないかと思います。

これらのことを念頭に置きながら、戦後展示というのを少し見たいと思います。

2、歴博の現代展示

スクリーンに映したこの図は、みなさんのお手元にありますが、先ほど安田さんが紹介された展示室の平面図です。* 図の上に見える入り口から入り、まず占領期展示に接します。そして占領政策の転換をへて、高度成長期に入っていきます。さらに高度成長時代の生活を見終わると、このあたりに「浮雲」のセットがあります。ここから本日の紹介の主題である大衆文化の展示が続き最後にゴジラを見て終わるというコー

＊次頁掲載図参照。なお当日使用の図面は割愛した。

第6室「戦後日本の大衆文化」のテーマ構成

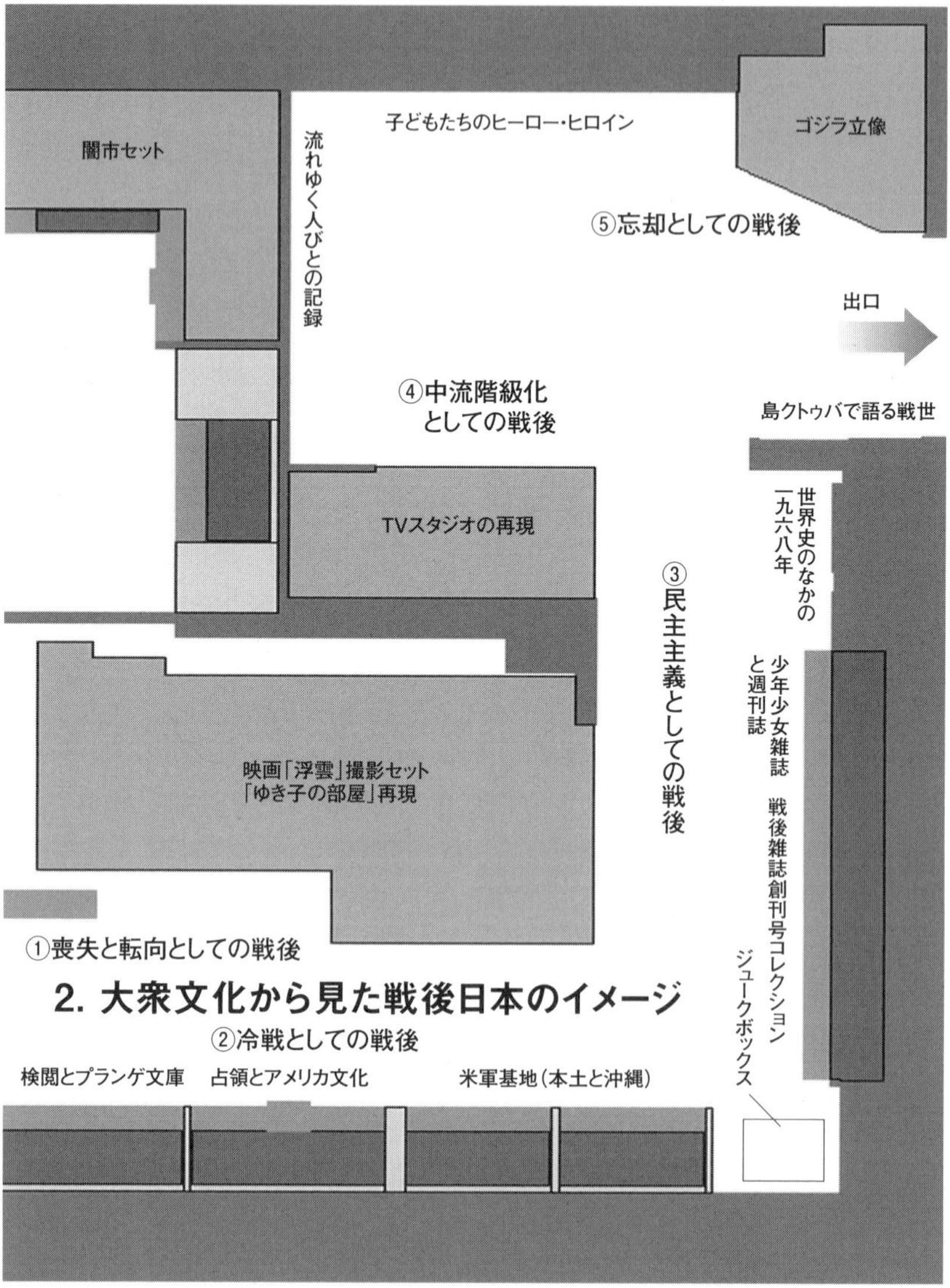
子どもたちのヒーロー・ヒロイン
ゴジラ立像
闇市セット
流れゆく人びとの記録
⑤忘却としての戦後
出口
④中流階級化
としての戦後
島クトゥバで語る戦世
TVスタジオの再現
世界史のなかの一九六八年
③民主主義としての戦後
少年少女雑誌と週刊誌
映画「浮雲」撮影セット
「ゆき子の部屋」再現
戦後雑誌創刊号コレクション
ジュークボックス
①喪失と転向としての戦後
2. 大衆文化から見た戦後日本のイメージ
②冷戦としての戦後
検閲とプランゲ文庫
占領とアメリカ文化
米軍基地（本土と沖縄）

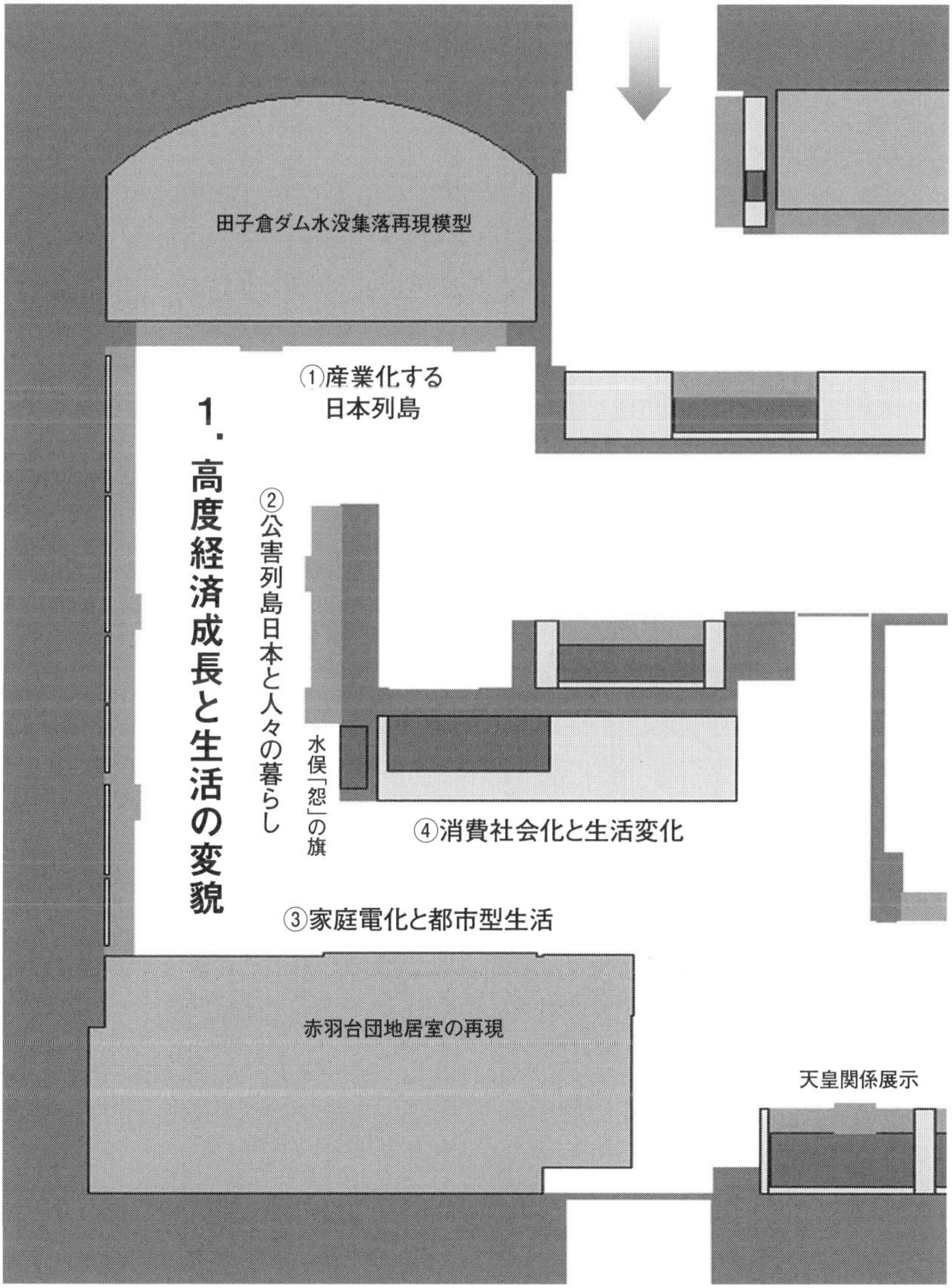
田子倉ダム水没集落再現模型
①産業化する
日本列島
1．高度経済成長と生活の変貌
②公害列島日本と人々の暮らし
水俣「怨」の旗
④消費社会化と生活変化
③家庭電化と都市型生活
赤羽台団地居室の再現
天皇関係展示

スです。

（1）戦後展示＝「戦後の生活革命」の視界

大テーマである「戦後の生活革命」のうち〈中テーマ１　高度経済成長と生活の変貌〉は六月に行われた第一回歴博現代展示フォーラムで紹介されていますが、そのうちの公害展示の関係は、大衆文化を手がけた安田さんが担当され、現時点でほぼ内容が固まりつつありますので、ここであわせて取り上げさせていただきます。

展示平面図にみるように、中テーマ「高度経済成長と生活の変貌」は①「産業化する日本列島」から始まり、②「公害列島日本と人々の暮らし」に続きます。そこでは日本列島上のさまざまな公害を示した公害地図に続き、公害の象徴として水俣の問題が集中的に取り上げられています。水俣病を引き起こしたチッソという会社の前身は、戦前、朝鮮半島の東方にある興南という街で大きく成長した企業でして、敗戦後、興南で働いていた技術者・労働者が水俣に戻ってくるわけです。そして植民地で身につけた経営感覚を持ちつつ水俣の操業を再開、拡大し、ご存知のような深刻な被害が起こってくるわけです。こうした事件にいたる経緯をふまえ、水俣病の展示に関しては、植民地支配、日本の帝国としてのありように結びつけつつ展示が構成されていること、そしてさらに、現時点では展示内容がきっちり固まっていないものの、水俣病を告発する会が掲げた「怨《うらみ》」の旗に象徴されるような、患者の主体性と鋭い告発に焦点を

＊水俣「怨」の旗（歴博所蔵）

当てていると思われることが特徴的です。

〈中テーマ2　大衆文化からみた戦後日本のイメージ〉に移ります。

大衆文化の展示の①「『喪失』と『転向』としての戦後」というところですが、この画像が大衆文化コーナーで最初に目にする映画「浮雲」のセットを再現した展示です。「浮雲」については、この後竹中さんからのコメントが用意されていますが、このセットを前に、敗戦と植民地帝国の崩壊によって失ったものとは何かということをみなさんは考えることになるかと思います。大日本帝国の崩壊によってそれを支えてきた自分自身も壊れていく、とともに崩壊を伴った解放のような感覚、そうした敗戦の受け止め方がここで象徴的にみなさんに訴えられてくると思います。

「転向」という切り口で表現されているのは、まだ展示の全体像が見えていないのですが、平面図の「天皇関係資料」と記された部分となります。構想では、天皇が軍服から背広に変わる、軍服のトップから平和国家の象徴に正にガラッと変わっていく様を示すことで、「軍国日本」から「平和日本」への壮大な転換の本質を示そうとしているようです。また、さまざまな「天皇」と称する人びとが現れ、天皇退位を巡る議論も活発化します。その過程で主権者となった国民はどういう方向に変わっていくのか、敗戦と戦後の出発とは、ある種の広範な「転向」を伴う形で、平和なり民主主義というものを受容していく過程であったということだろうと思います。

②は「冷戦としての戦後」という切り口です。ここでは検閲やアメリカングッズを

＊映画「浮雲」撮影セット「ゆき子の部屋」再現（©一九五五　東宝）歴博所蔵。

含めて占領時代が語られ、次いで〝米軍基地という世界〟として軍事占領下の沖縄、占領軍クラブを通じたアメリカの文化的影響、そしてジャズ、一方で基地問題・基地反対運動が展示されるように、まさに〝米軍基地という世界〟が多様に、多面的に示されていきます。要するに占領と安保体制下の米軍基地を回路としてのアメリカの文化的影響とは何だったのかという、その部分がていねいに拾われているというように思います。

これらに関わる画像を若干ご覧下さい。占領軍とアメリカの影に関する展示の一つですが、アメリカ・メリーランド大学所蔵のプランゲ文庫の児童図書の表紙画像からは、子どもの世界へアメリカ文化が浸透していく様を想像することができます。また、次の画像からは、新聞読者の関心が高い四コママンガを通じても、米軍基地問題が訴えられていることが分かります。基地問題はある種国民的関心の一つであったわけです。そして展示を見る私たちは、冷戦を多義的に見せる当時の大衆文化そのものをも楽しむことができます。

沖縄に関わる問題では、この画像もご覧下さい。占領の終了、講和締結に当たり沖縄をどういうふうに位置づけていくかということで、実は天皇の政治的意向がアメリカ政府に向けて発せられていたという、戦後の沖縄構想に天皇が強い関心を示していたことを示す資料です。

みなさんの手持ちの図面を進んで③が「民主主義としての戦後」としてくくられま

＊プランゲ文庫の児童図書の展示。

す。民主主義を大衆文化の側面からどう描くのかなと私も興味があったのですが、占領期に関しては、表現の解放ということで描かれたと思います。展示には子ども雑誌・婦人雑誌・総合雑誌・大衆雑誌の創刊号や発刊された文庫が一挙に並べられ、さらに映画作品を通じた民主主義が提示されます。また、アメリカ発のスポーツを代表する野球への関心がグッズを通じて描かれているのも、子どもたちの身体表現の自由とその方向性を示すものとして注目されます。

これに対し、占領後の一九五〇年代後半の「民主主義」は、主として少年少女雑誌に注目しつつ、「中間層文化」として語られています。戦後日本社会において中間層が厚く形成されはじめ、本格的な大衆社会の段階を迎える中で、民主主義が表現されていく、と理解できるでしょうか。ただし、この部分の小テーマは、一九六〇年安保と中間層文化ですが、民主主義運動としての安保闘争に関しては、大衆文化論的には表現されていないのではと感じています。

民主主義としての戦後の最後に、「世界史のなかの一九六八年」が出てきます。残念ながらこの場でお見せすることはできませんが、一九六八年という一年に世界で同時展開した観があるさまざまな民主主義・反戦平和運動が、大きなパネルに次々と映し出されます。* ヨーロッパではパリの五月革命が、アメリカをはじめとした各国でスチューデントパワーが吹き出します。その学生運動は、戦後民主主義とは何だったのか、という問いを含んでいました。中国では文化大革命が、東欧では、プラハの春に

*付録参照。

みるように、社会主義国の世界でも世界が注目する変動がおこりました。アジアでは、ベトナム戦争の画期をなすテト攻勢がアメリカを追い込みます。

現在から振り返って、この一九六八年という年が世界史的にどのような意味をもつのか、この問題に対する現代史研究はまだ数少ないですが、この展示部分は研究を促すメッセージのようにも思われます。

④は一九五〇年代末から一九六〇年代社会を「中流階級化としての戦後」として描いていています。そのまえの「中間層文化」での「中間層」とここでの「中流階級化」の区分、使い分けの意味をきいてみたいところですが、一九六〇年代において生活程度意識としての「中流」（中程度）意識が高い数値に達しはじめたことを意識しての判断と思われます。

その展示では、まずは高度成長期についてオリンピック、テレビの中のアメリカ、映画の中の中流、そして雑誌「暮らしの手帖」などで「暮らしの一九六〇年代」が描かれますが、すぐその後の「流れゆく人びとの記録」として、「中流」世界の外にいた人たちへの複眼的な視野を促していきます。炭坑の暮らしにそれを象徴させながら、中流の外にあった人々のさまざまな問題が示されますが、しかしそこには疎外されていただけではなくて、そこから独自の文化を作っていく、画像のような「サークル村」といった文化活動が生まれ、都市文化とは異なる文化的創出が試みられていたことが語られていきます。

＊『サークル村』（上野朱氏提供）

楽しみつつ「中流階級」文化を実感し、かつその時代が生んだ中流階級文化の面白さ、大衆文化的な創造性を感じさせてくれるのは、多くの名高いコマーシャルを次々と見せてくれる「広告の戦後史」の展示でしょう。トリスのコマーシャルの一コマではじまるコマーシャル映像の名作をこの画像でご覧下さい。テレビというメディアで表現された中流階級文化を楽しめると同時に、その広告対象である製品開発意欲の旺盛さも感じることができましょう。

⑤は「『忘却』としての戦後」ですがこれについては先ほど安田さんからくわしい話がありました。ゴジラ、原爆、そして第五福竜丸等を通して戦時体験・戦後体験の風化をめぐる文化的せめぎ合いに焦点が当てられます。戦後一〇年ぐらいして次第に忘れ去られる戦時の記憶、特に原爆問題等は占領期のもっとも厳しい検閲対象であり、報道規制により記憶の風化が進む可能性があったのでしょうが、第五福竜丸が被曝したビキニ環礁での水爆実験はその記憶を呼び起こし、過去の記憶と未来の被爆への恐れが結びつく形で原水禁運動が大衆化します。原水禁運動・被爆者の運動は、戦時体験の忘却をめぐるせめぎ合いのなかにおかれていたことがこれらの展示から改めて確認できます。その他、戦後の映像の中の在日朝鮮人像が提示され、あるいは沖縄戦の記憶を新しい手法で伝える「島クトゥパで語る戦世」、これは後で仲里さんが話されますが、以上、戦後社会のなかでの原爆体験・戦場体験・沖縄戦体験・植民地支配問題の意味を文化的角度から問い直しつつ、「生活革命」（大テーマ）を達成した「戦後

日本」への問いを改めて投げかけ、さらにその問いは、近代の戦争と帝国化に始まる「現代展示」全体のくくりとしても働いています。

(2) 歴博展示の特色、歴博展示の問いかけ

以上の展示内容の紹介を前提にして、今度は方法や視角に注目して、「歴博展示の特色、歴博展示の問いかけ」を四点にまとめてみました。

まず第一に、時代的対象としては一九六〇年代までの日本の戦後社会ですが、この時期までの戦後社会を「生活世界」、すなわち戦後日本人が生きてきた身近な世界に視点の機軸を置きつつ、その視点から見える政治的、あるいは経済的世界を浮き彫りにして見せたと思います。

それは言い換えれば、生活とその成果を基盤とする大衆文化の視野から、戦後社会の諸問題をかつ総合的にかつ相互のさまざまな連関を見据えて立体化していくような、そういう試みであるでしょう。たとえば「高度経済成長と生活の変貌」という最初のところで見るまさに衣食住的生活様式に即した高度成長期の姿を、大衆文化の角度から中流階級化という別なかたちで切っていくというのは、そういう見せ方です。限られた展示スペースですが、時代への単一の切り方ではなくて、複数の切り口で同じ時代を描いていくおもしろさ、入館者に歴史展示の深みを感じさせる工夫が試みられているのではないかと感じます。

ここでいう立体化とは、展示的な立体化と同時に歴史の深みや複合性です。どんな時代の様相も複雑であり、歴史研究者はそれを見据えるほど悩みも深まるわけですが、本日のフォーラムが主たる対象とする、大衆文化からの複合的な切り口は、ある時代の多面性を展示としてどう描き出していくのか、その一つの方法を示していると考えられます。戦後の大衆社会の博物館展示例はまだ多くはないですが、歴博戦後展示は、時代を複合的に描くかなり大胆な実験をしたのだと思われます。

重ねて、この展示は、大衆文化というところから歴史像を構成する場合の可能性、そういう方法論的な問いかけも含んでいるだろうと思います。小さい例としては沖縄コザのヒストリートの展示*が思い浮かびますが、規模を大きくし、方法を研いだ展示として評価しうるのではないかと思います。

第二は、実物展示にこだわりつつ、総体的にはイメージ＝虚像を提示していることです。博物館展示とは、突き詰めれば時代イメージを訴えるものなのでしょうが、多くの展示はそのことにさほど自覚的でないように思われます。しかしこの展示では、歴博の所蔵資料の豊富さをフルに生かして徹底した実物資料展示に基礎をおいた実証性を保ちつつ、それらのモノが内包するイメージ性を見据えた上で、イメージ＝主題を構成する部品・道具として活用しているように思われます。もちろんこの展示で利用されている多くはマスメディアから生まれた作品であり、それ自体がイメージ＝虚像の産物なのですが、一定の時代を経て歴史資料としてみれば、それらのイメージ作

＊沖縄市戦後文化資料展示室。その名前の由来は、"watching history from the street"。

品もまた時代性を示す実物資料とみることができます。この展示は、それら実物資料が発信するイメージ性を集合的に重ね合わせ、個々の展示部分の主題を構成し、さらにそれを複合化・立体化しているのではないかと思われます。

なお、戦後展示における個人の歴史体験を呼び起こす性格の実物資料は、入館者の大きな層をしめる、戦後という時代を生きてきた人びとがみたとき、戦後社会の中で積み重ねてきたさまざまなわれわれの生活的な営為とは何だったのか、身近なところから自分史を考えさせるような展示になっているのではないかと思います。戦後日本のイメージの展示は、その展示を触媒として、観覧者がそれぞれの戦後イメージを掘り返し、そのイメージを展示のメッセージと改めてつきあわす、そのような機能を果たしうるのではないかという期待も感じます。

第三の特色として、あまりきちんとお見せすることができませんでしたが、子どもをめぐる大衆文化の世界への高い注目度があります。おそらくそれは、この時代が、近代日本を通してみても、子ども世代がもっとも分厚いかった時代であり—象徴的にはいわゆる団塊の世代が育った時代と考えてもらえばいいでしょうが、それに伴ってさまざまな子ども文化、あるいは子ども用のメディアというものが出てきた、そうした時代の個性の反映と言えるのでしょう。展示は、そういう時代性に鋭く注目していると言えるでしょう。欲を言えば、団地に象徴される都市型生活との連結、近代的な家族の大衆的形成期のなかでの子どもの位置を問う、そうした側面へ見る側を導く仕掛けも欲しかったように思います。

第四は、さまざまな歴史的主体へ注目した展示構成ということです。基地反対運動、炭坑世界から生まれた創造的な文化、ベトナム反戦運動、一九六八年から浮かび上がる若者の主体性、告発する水俣病患者、あるいは最後の方に出てくる島クトゥバで語り出すという沖縄戦体験者。これはほんの一部ですが、さまざまな主体性の表出のされ方への視野を見て取れます。

ただしその場合、大衆運動論からみれば、労働組合や政党運動、部落解放運動等組織された運動を戦後史の中でどう位置づけるのか、改めて考えねばならないでしょう。大衆文化という視点から注目される歴史主体の体験と組織化された運動団体の役割とをそれぞれどう評価し直すのか、歴史研究面での大きな課題が提起されているようです。

3、歴史展示の課題

これまで述べてきたことを前提として、今後さらに考慮すべき問題として、以下七点ほど指摘しておきたいと思います。これらは、展示面での課題であると同時に、それ以上に戦後史研究の課題でもあると考えています。

第一点目は、戦後日本社会におけるナショナリズムの問題です。既にふれたように親米と反米という相反する意識との関係におけるナショナリズムのありようは、戦後日本のナショナリズム論議の要をなしていました。

この対米観との関わりにおける戦後日本社会のナショナル・アイデンティティについては、近年、吉見俊哉氏が『親米と反米―戦後日本の政治的無意識―』（岩波新書）において、占領論と基地論、生活文化論という視角を組み合わせて分析した優れた作品を提示し、今回の歴博展示でも、既に紹介しましたように、大まかにみれば同様の視点から戦後の大衆文化・国民意識形成の重要な特質が語られています。

にもかかわらずここでの論点として、ナショナリズムの問題を繰り返したのは、対米観だけでは語れない戦後日本のナショナリズムの構成要素に視野を広げて総合する必要、あるいは、対米問題との関わりにおいても、もう少し異なる側面まで視野を拡大する必要はないのだろうか、という点を意識してのことです。

例えば、後者との関わりのつもりでレジュメに「国土観」と記しました。基地問題は、言うまでもなく土地問題であり、広くみれば、国土の利用問題ですが、この点に改めて注目して、日本人の土地観念（一九五〇年代までの日本社会は先にもふれましたが農業国としての性格が濃い社会でした）との関わりにおいて、米軍基地問題を考える必要があるのではないか、と私は考えています。私は静岡県出身なのですが、東富士演習場の基地問題史をみていると、「富士を撃つな」というスローガンに出会います。富士山の周りというのは東富士演習場と山梨県側の北富士演習場をあわせて練習場だらけですが、それを撃たせるなという意識をどう見るのかという問題です。そこには、近代社会においても入会地として守られてきた農業生産に不可欠な土地が、治外法権的に使用されていること（日本陸軍の使用時代は、入会権が相当程度保障されていました）への反発と信仰や畏怖の対象である富士山が他国の砲弾で傷つけられ続けている、という意識が重なり合いつつ、長期にわたる基地闘争が続いていました。基地をアメリカ文化という視角からだけでは解釈しきれない、土地観念や国土観に関わったところで表出されるような、基地問題からのナショナリズムという問題です。

前者では、アジア諸国との関係におけるナショナリズム、あるいは戦争体験に起因する意識、また「在日朝鮮人問題」とレジュメに書きましたが、戦後の日本人が彼らを「内なる他者」と意識してきたとすれば、そうした意識から生まれる、植民地支配意識の戦後への連続とつながるような国民意識、国家意識といったものが重要な要素としてあるだろうと思います。

非常に難しい問題ですが、戦後ナショナリズムの再編過程を総合的にどのように考えるか、さまざまな要素から浮き彫りにしていくというのが今後の課題だろうと思います。

第二点目は、戦後日本にとって沖縄問題とは何だったのかということです。日本の敗戦がもたらしたものは何だったのか、という時に、沖縄戦とそれに引き続く長期占領という事態を中心に据えて、戦中・戦後史を組立ててみる必要性があるのではないかと考えています。

明治初年の琉球処分で琉球は強制併合されました。その後、近代国家を確立した戦前日本は、今度は敗戦に際して沖縄を捨て石とし、さらに国家主権の領域から琉球列島を切り離して連合国の占領を終わらせ、独立を回復していきます。加えて、一九七二年（昭和四七）の沖縄復帰後も、日米安保条約による米軍への基地提供の拠点として沖縄は位置づけられ続けているわけです。

そう見てくると、日本の戦後の独立や主権というのは何だったか、改めて沖縄を起点に据えてこの問題を問い直すことは日本社会の今後を考える不可欠な作業としてあるのだと思います。国是であったはずの平和国家とは一体何だったのだろうか、あるいは基地の下での人権状況というのを考えたときに、戦後体制が保障した人権というのは一体何だったのかというような、まさに展示の一つのテーマである「民主主義としての戦後」を問い返す視点としても「沖縄」はあるのではないかと考えます。

また戦後日本は、沖縄を切り離すことによって沖縄戦を特色づける地上戦体験を忘却し、戦争観形成の際に意識の外においてきました。本土日本人の戦争観の背景に存在したのは、主として、兵士としての戦場体験、国内民衆にあっては空襲体験と被曝体験でした。長期にわたる本格的な地上戦闘が、あらゆる住民の眼前で展開される――その極限状態の中に住民の命が置かれ、人が人のこころを見失い、軍の関与のなかで集団自決を強いられるという事態がおこるのですが――、こうしたあまりに過酷な地上戦体験の中から絞りだされた「ヌチ（命）ド宝」という戦争観（軍隊観）＝平和観と戦後本土日本人の戦争観が交錯することは、一九九〇年代までは少なかったように思います。本土日本人の戦争観の形成史は、本土と沖縄の距離のおかれ方＝関係史の角度からも特色づけられる必要があるのではないかと考えます。その時、戦後日本人の平和観の特色が、よりクリアーに意識されるのではないでしょうか。

第三点目は、女性の主体化の過程を研究面でも、そして歴史展示としてもどう描き、どう表現するのかという問題です。

女性は戦後選挙権をもつ主権者として現れてきました。社会的には労働組合を構成員として、教育ではＰＴＡの担い手として戦後教育民主化を支えます。あるいは平等な建前に立った家の主婦となり、生活改善運動の担い手としても立ち現れます。

一九五〇年代になりますと母親運動、あるいは原水爆禁止運動・基地反対運動など平和運動の非常に重要な担い手となります。さらに高度成長期には住民運動や自治体革新運動の担い手として女性たちは現れてきます。

そしてこうした主体化のあゆみと、それにも関わらず立ちふさがる女性の社会的地位をめぐる日本社会の厚い壁を前に、一九七〇年代にはウーマンリブが現れ、さらに一九八〇年代には、フェミニズムが思想運動として、社会の改革運動として役割を果たしていきます。その中で、強固に存在した職場の女性差別にもようやく変化が生じはじめています。

女性の主体化とそれに対する男性に向き合い方という切り口から戦後史像を描いた代表的作品として、鹿野政直『現代日本女性史』*があげられますが、私たちは研究面でもこの仕事をさらに進め、歴史展示としても組み立てて行く作業が必要だろうと思います。

第四点目は、戦後福祉政策をどう評価するかという問題です。これは非常にやっかいな問題だと思いますが、戦後日本は、戦後ヨーロッパの多くの国々が福祉国家として存立したのに対し、それとは異質な企業中心的な国家として類型化する見解が強かっただろうと思います。しかし、最近の研究では、六〇年代から七〇年代を福祉国家として位置づける考え方も少なくないという印象をもちます。こうした福祉国家として見るか否かは、冷戦体制下におけるヨーロッパやアメリカの福祉政策が日本にどのような影響を与えたのか、国内的には、東京都など革新自治体が福祉政策を推進しますが、そうした自治体レベルの福祉政策展開の広がりをどう評価し、さらにそれが国政レベルの政策にどの程度の影響を与えたのかという面への評価とも絡んでくるように思います。

要するに昨今の規制緩和やその結果としての「格差社会」的状況への変貌を目の当たりにした時、一九六〇年代から七〇年代、あるいは八〇年代にかけて展開された日本の福祉政策の達成度、あるいは段階というのをあらためてどう見るか、という問題が問われているように思われます。また、一九七〇年代後半から八〇年代の日本社会

*有斐閣、二〇〇四年。

を政治的に比較的安定した時代としてとらえた場合、その背景を企業社会的統合力に加え、以上のような福祉・社会保障政策的側面をも有力な要素として加えてはかるのか、その辺りにも関わる問題かと考えます。

第五点目は、戦友会・遺族会・遺骨収集問題・戦死者追悼と「戦場の記憶」です。大衆文化の展示との関係では、「『喪失』と『転向』としての戦後」、あるいは「忘却としての戦後」に関わる問題群ではないかと思いますが、私の関心からすれば、これらの問題が戦後という時代において非常に重要な問題であったにもかかわらず、なぜ社会的課題として広く意識されなかったのかということが気にかかっています。歴史研究としても、戦友会・遺族会・遺骨収集問題等の研究は極めて手薄です。

戦友会や遺族会は、靖国神社を頂点とする戦死者慰霊体系や戦争観、さらに年金を媒介にする戦後保守政治構造と深く関わったために、ともすれば戦後平和主義の対抗軸の中で位置づけられてきたように思われます。このため、戦後社会は、こうした団体に集まった人びとの口から戦争体験を語りにくい側面があったのではないかと思います。これは私が戦争体験者、あるいは遺族の方と話をしたときに感じることです。このような戦争観をめぐる戦後社会における社会的関係のあり方に関しては、戦後社会の特質に迫る手がかりとしても、あらためて考えておく必要があるのではないかなと思います。

遺骨の問題では日本は重大なまだ積み残しがあるだろうと思います。戦没者というのは全部で二四〇万人ぐらいと推定されていますが、実は半分ぐらい、正確には四八パーセントが、まだ遺骨の収集がなされていないのです。遺骨の収集は戦後六〇年を経てもなおまだまだです。その一因としては、海に沈んだ人たちが三〇万人いるからです。あるいは戦没した地域に立ち入りにくいという問題があります。

しかし一二〇万近い未収集の遺骨のうち半分ぐらいは収集可能だと言われています。そこに手がつけられていないのです。日本政府の遺骨収集業務は一九七五年（昭和五〇）で終わり、その後そのまま放置されているわけです。戦死者を放置した日本の戦後には、日本でなくなった朝鮮人の遺骨の返還未完了という問題も含めて、「忘却としての戦後」をこえた深刻な問題が横たわっています。戦後社会は、戦争の結果とどう向き合ってきたのかということに関する幅広い検証が必要です。

第六点目は、日本の植民地支配との関係における東アジアへの架橋ということです。一例として台北の二・二八記念館をレジュメに記載しましたが、この記念館は一九四七年に起こった不幸な事件を検証した歴史博物館です。

敗戦後、日本が撤退した後の台湾にはご承知のように国民党の軍隊と官僚たちが入ってきます。それら国民党の軍隊や官僚たちによる、明代末以来台湾にいた漢族、あるいは先住民族に対する蔑視や偏見・横暴は激しいものがありました。その中で、国民党官憲による市民殺傷事件が起こり、事件に抗議するかたちで始まった大衆的な抗議行動は全土に広がっていきます。そして、その抗議に対する国民党軍隊の弾圧は大量の殺戮を伴いました。犠牲者（死者）は二万人から三万人に達すると見られています。その事件を記憶する記念館が二・二八記念館です。

これは対岸の問題のように思われるかもしれませんが、事件の構造を総合的に見れば、日本の植民地支配なしではあり得なかった事件であり、国民党との関係では日本と中国との戦争が影響しています。長きにわたる植民地支配によって日本化された台湾の人々、その台湾に流入した国民党軍隊は一九三七年以来日本軍との交戦を続けてきた軍隊でした。日本の過去の植民地支配、あるいは日中戦争と台湾の戦後の問題が非常に大きく絡んでいる、このような複雑なアジアの戦後の歴史過程、こうした関係を視野に入れ、私たちは戦後認識をつくる必要があるのではないかということです。

最後に第七点目として展示でも取り上げている水俣病の問題です。水俣病問題が提示する事柄は多岐にわたるでしょうが、ここで重視したいのは患者の人たちが抑圧され、自立する可能性が奪われてきたという問題です。それを克服する中で、一九六九年（昭和四四）に被害者自らの権利行使として、原告となる水俣病訴訟がはじまるわけです。被害者が社会的な蔑視を受け押し込められる中で、告訴の主体になるということは考えられなかったわけですが、一九六〇年代末の水俣病を含む公害裁判においては、深刻な被害を受けた患者自身が自ら原告となるという大きな変化が起こりました。

問題はそこにあった「抑圧」を織りなす内実です。当然のことながら第一義的には会社の行動、そして行政・政治権力の問題というものがありますが、それだけでなく社会のある種の圧力にも注意を向けておく必要があるでしょう。近代社会が期待する身体機能、その水準が常識化したときに起こりうる障害をもつ人々への偏見・抑圧、こうした問題とつながる側面もあると思いますが、それらを含めてわれわれは考えていく必要があるのではないかと思います。要するに大衆社会が作り上げ、温存してきた社会的な偏見、あるいは差別意識、こういう問題をどう考えるのかということです。

その他にいくつか最近の動きで考えることがあるのですが、時間がなくなりましたのでこれで終わりにいたします。長々とご静聴していただきありがとうございました。

【参考文献追加】

中村政則『戦後史』岩波新書、二〇〇五年
武田晴人『シリーズ日本近現代史⑧　高度成長』岩波新書、二〇〇八年
色川大吉編『水俣の啓示』上・下、筑摩書房、一九八三年
明田川融『沖縄基地問題の歴史』みすず書房、二〇〇八年
我部政明『日米関係の中の沖縄』三一書房、一九九六年
我部政明『沖縄返還とは何だったのか』日本放送出版協会、二〇〇〇年
歴史学研究会編『日本同時代史』4高度成長の時代、青木書店、一九九〇年
広井良典『定常型社会―新しい「豊かさ」の構想』岩波新書、二〇〇一年

原田正純『水俣病』岩波新書、一九七二年
宇井純『公害の政治学』三省堂新書、一九六八年
坂本佳鶴恵『〈家族〉イメージの誕生』新曜社、一九九七年
秋尾沙戸子『ワシントンハイツ』新潮社、二〇〇九年
内海愛子・上杉聰・福留範昭『遺骨の戦後』岩波ブックレット、二〇〇七年

コメント1

戦後日本の暮らしと大衆文化

―「書く」「歌う」「読む」、表現方法の視点から

大門正克　横浜国立大学教授

はじめに

こんにちは。ただいまご紹介いただきました大門です。私も荒川さんと同様に館の外から現代展示室のリニューアルの作業に少し協力をさせていただきました。そのような体験も含めてお話をさせていただきたいと思います。今日のフォーラムのひとつの大事なテーマは、表現ということだと思います。安田さんは民主主義としての戦後を言い換えて表現としての民主主義といわれました。荒川さんも現代展示の大きなひとつの特徴がイメージだといわれました。竹中さん、仲里さんはともに表現にかかわるお仕事をされています。私はこのコメントの中で、表現されたものというよりも表現をする行為そのものの歴史的意味を考えてみたい。そのための素材を提供してみたいと思います。サブタイトルに「「書く」「歌う」「読む」、表現方法の視点から」と書きました。時間の関係でまず「書く」と「歌う」という、読み書きの問題と身体表現にかかわることについて戦後の暮らしとかかわらせて話をし、最後に簡単に「読む」にふれます。

1、書く――書かれた史料ではなく、「書く」行為そのものへの注目

最初に「書く」です。書かれた史料ということではなく、書く行為そのものに注目をしてみようということです。戦後の一九四〇年代から五〇年代という時代は、生活記録運動というのが全国各地で繰り広げられた時代でした。社会教育や民間の指導のもとで、青年や女性を書き手とする生活記録運動が活発に行われています。その中で女性が新しく書き手として登場したことにこの時代の大きな特徴があります。

一例をあげます。岩手県和賀郡和賀町というところがあります(1)。今でいえば東北新幹線北上駅から西に入ったところです。この地域で戦後に生活記録運動が活発に行われました。当時の和賀町は農村地域です。典型的な東北の農村といっていいと思います。家族の中で家父長の力、あるいは姑の力が非常に強かった地域です。

一九五五年(昭和三〇)、この村の中に小さな生活改良グループが誕生します。後藤農研婦人部、通称バッケの会といいます。一二、三人の若い女性たちが作ったグループでした。生活を変えるための取り組みをすることがこのグループの目的でした。地域の衣食住の調査や講師を招いた講習活動など、精力的な活動を展開します。しかし

(1)以下、和賀町について詳しくは、大門正克『全集日本の歴史15 戦争と戦後を生きる』(小学館、二〇〇九年)を参照されたい。

何年か活動する中で、ある会員が活動について不満を述べる場面があります。「バッケの会は楽しいけれども、活動は、台所の改善や料理講習などの物質面の改善に集中し、根本的な精神的なつながりのある身近なことの解決ができていない」。これを受けてバッケの会でいろいろと話し合った結果、一九五七年（昭和三二）から会員の中で回覧ノートを回すことになりました。現在も残されている回覧ノートをみますと、日々のさまざまな思いが断片的に書かれています。考えようによってはとるに足らないように見えるかもしれませんが、私はこの回覧ノートはとても大事な意味を持っていると考えています。

三つほど特徴があると思います。ひとつは秘密の保持です。回覧ノートの内容は会員以外に話さない約束でしたから、会員だけしか回覧ノートをみることができません。姑から回覧ノートのことでとやかくいわれることはありませんでした。当時の若いお嫁さんや家を継いだ女性たちにとっては、姑からの自由を確保することが取り分けて大事なことだったのです。

二点目は書くことの方向付けからの自由です。回覧ノートは、だれかの指導を受けて書かれたものではありません。あるいは、生活記録のコンクール用などのために書かれたものではありません。書くことの方向付けからの自由をもっていたのが回覧ノートでした。

三つ目に、回覧ノートは会員相互のつながりをつくり直す大事な場になりました。

物質面の改善だけでなく、回覧ノートに書くことで、会員たちがお互いに何を考えているかを再確認し、会員相互のつながりをもう一段深いものとして確認できる、回覧ノートはそのような場になりました。

書くということには、煎じ詰めれば二つの側面があります。ひとつは書くことを通じて主体性や自由を獲得するということです。書くことが自らの決断を促したり、逡巡を乗り越えたりする契機になる面があります。書くことを通じた主体性や自由の獲得は、グループ内のつながりを強固にする（作り直す）面があります。しかし、他方で、書くことの行為の中には、その当時の社会の規範、世間的な考え方であるとか、行政が望むような方向であるとかに誘導される側面があります。

たとえば、生活記録運動には行政もさまざまなかたちでかかわっていました。コンクールや発表会があります。発表会の記録を読むと、苦労して課題にとりくみ、グループ内で協力して成功したというような成功物語によく出会います。モデルストーリーにそった文章です。書くという行為には、モデルストーリーの誘惑がまとわりついているのです。

それに対してバッケの会の回覧ノートは、日々の思いや悩みが書かれたもので、モデルストーリーからは縁遠いものでした。秘密が守られて主体性や自由を確保できる、それがバッケの会の回覧ノートでしいた。

安田さんが言われた表現としての民主主義を培うひとつの場が、バッケの会の回覧ノートだったといっていでしょう。あるいは荒川さんが言われた女性の主体化にとって、書くという行為が欠かせないものとしてあったということができるのではないでしょうか。

一九五〇年代は、家父長や姑の強かった時代から若い女性たち自身の活動の余地のある時代への転換点でした。荒川さんが紹介して下さったように、私は一九五〇年代を生存の仕組みが変わる時期と考えています。生存の仕組みを変える上で、書くという表現行為が大事な意味を持っていたと考えています。

当時、広島県で生活記録を指導していた山代巴は、自分が農家の女性を守れる「秘密のふところ」にならなくてはだめだということをいっています[2]。回覧ノートはバッケの会にとって秘密を守れるふところでした。

書くという行為には、戦前来の特徴があります。私は以前に一九二〇年代から三〇年代にかけての農民運動について調べていました[3]。その際に日本の農民運動や労働運動は文化的要素が非常に強いことに気づきました。どういうことかというと、活字やガリ版などで作られた社会運動の機関誌には、必ずといっていいほど文芸欄があります。社会運動の機関誌なのに短歌や俳句、詩のコーナーがあり、そこに会員たちがせっせと投稿しているわけです。よくよく考えてみると、機関誌に文芸欄がついているのは戦間期のことだけではなく、今でも機関誌やミニコミ誌のなかに短歌や俳句、詩のコーナーがあることに気づきます。新聞などの投稿欄も同様です。一九二〇年代から

(2) 山代巴『荷車の歌』(筑摩書房、一九五六年)。
(3) 大門正克『近代日本と農村社会』(日本経済評論社、一九九四年)。

三〇年代は、各地で機関誌や文芸誌がつくられた時代でした。ガリ版文化の発達が機関誌や文芸誌の隆盛を支えます(4)。当時は若い男性が書き手の中心でした。もっと長いスパンで考えますと、近世の出版文化、紙の普及、文人のネットワークといったことを歴史的な前提としてふまえておく必要があります。

第一次世界大戦から第二次世界大戦の間は、書くという行為を通じて文化の階層差が縮小した時代でした。私が調査した山梨県中巨摩郡落合村の例でいえば、一九二〇年代の末に農民運動に登場した高石善一は、二〇歳の若さで短歌の同人誌を主宰する人物でもありました(5)。貧しい小作農家に生まれた高石は、高等小学校を卒業後に短歌に親しみ、さらに小作料の減額を求める農民運動にも登場します。この時期には落合村周辺で文芸熱が盛んになり、小作青年の中にも高石のように文芸に親しむ者がでてきます。地主から小作に至るまでの農村青年に共通の文化圏が形成されます。その背景には初等教育の普及がありました(6)。初等教育が早期に普及した日本では小学校教育で書くことが奨励されます。初等教育で身につけた書くことを用いて短歌や詩に親しみ、自己表現としての同人誌をつくったり、新聞の文芸欄などに投稿したりする。書くという行為が階層の高い青年だけでなく、階層の低い青年にも広がります。文化の階層差の縮小傾向です。こうした状況を前提にして戦後になると、書くという行為に若い女性たちも加わるようになったのだと思います。

戦後にもたくさんの文芸誌が作られています。住民運動の中ではミニコミ誌も作ら

(4) 田村紀雄『ガリ版文化史』（新宿書房、一九八五年）。

(5) 落合村については、前掲、大門『近代日本と農村社会』を参照。

(6) 大門正克『民衆の教育経験』（青木書店、二〇〇〇年）。

れました。あるいは今でいえば、メールやブログにも書くという行為が継承されている面があるのではないかと思いますが、ここではメールやブログが発達した中でも、依然としてミニコミ誌のような存在が私たちの生活の周りにさまざまなかたちで存在していることに注目しておきたいと思います。

ひとつだけ手元にあるものをもってきました。東京大田区大森のNPO法人「大森まちづくりカフェ」が発刊している情報紙『大森まちづくりカフェ』です。(7) タブロイド版4ページで季刊、一万五〇〇〇部発刊されています。「ワタシとまちを元気にする情報紙」の合言葉、「私たちは大森という地域が大好きです!そんな大森の魅力を多くの人に伝えられたらいいのにな」というコンセプトをもとに、各号のテーマにそったお店、地域の歴史、「自律的」に活動する団体、地域の人が紹介されています。大森まちづくりカフェはホームページも運営していますが、発足当初から地域情報紙の刊行にこだわってきました。ここには書くという行為を通して自由や主体性を獲得し、地域のつながりをつくろうとする方向性が脈々と受け継がれているように思えます。

歴博の現代展示では、先ほど荒川さんが紹介された北九州「サークル村」の同人誌がとりあげられるはずです。書くということをめぐっては、さらにどのような表現方法、どのような言葉で書くのかということも議論されるべきです。書くということではないですが、先ほど来紹介されていて展示もされる「島クトゥバで語る戦世」は、どのような言葉で語るのかということを正面から問うものです。書くことや語るとい

(7) 大森まちづくりカフェのホームページ、http://www.oomori-cafe.com/(二〇一〇年六月現在、ホームページの確認年月は以下同断)。『大森まちづくりカフェ』は、二〇一〇年六月現在、季刊で二一号(二〇一〇年四月)まで発刊されている。

う表現方法は、それぞれの人の存立にかかわる大事なことなのです。

2、歌う

次は「歌う」です。戦後のうたごえ運動などについて調べている長木誠司さんは、現在の日本で多くのアマチュア合唱団、学校単位の合唱団、少なくなったものの職場単位の合唱団が存在することは、実は大きな驚きだと述べています[8]。なんで大きな驚きなのか。たとえばヨーロッパでは、教会の聖歌隊やオペラの座付き音楽隊などを通じて西洋音楽を共同で歌う機会がありました。

ところが日本ではそもそも西洋音楽は明治以降に入ってきたわけであり、共同で歌う機会はそう昔からあったわけではありません。そうした歴史からすれば、アマチュア合唱団が多数存在していること自体に注目すべきだというわけです。

現在、日本の最大の合唱団体である全日本合唱連盟は、「わが国は、世界の中で最も合唱の盛んな国のひとつです。合唱団の数は、小・中・高校、大学、職場、おかあさんコーラス、一般と、あわせて数万に達します。これらの合唱団に所属する人たちはみな、合唱を楽しむことによってひろく音楽に親しみ、わが国の音楽文化のまことに大きな基盤を築きあげているのです」と述べています[9]。ヨーロッパとくらべた場合、日本は短期間のうちに「世界の中で最も合唱の盛んな国のひとつ」になったといって

(8) 長木誠司「〝運動（ムーヴマン）〟としての戦後音楽史　一九四五〜」(6)〜(8)〈合唱運動(1)〜(3)〉（『レコード芸術』五三巻六〜八号、二〇〇四年）。

(9) 全日本合唱連盟のホームページ、http://www.jcanet.or.jp/profile/jca-gaiyo.htm。

いいでしょう。「世界の中で最も合唱の盛んな国のひとつ」になるうえで、注目すべき共同で歌う機会は一九五〇年代にありました。一九五〇年代に急伸長したうたごえ運動、合唱運動を通じて、戦後の日本では共同でうたうことが急速にひろがりました。

うたごえ運動は、合唱を通じて社会運動を支援し、鼓舞するものであり、一九五〇年代から一九六〇年代のさまざまな社会運動と連動していました。労働歌や革命歌、民謡などをレパートリーに組み込みながら新しい歌もつくり、職場や学校でサークルとして活動しました。

たとえば一九五〇年代の北海道で王子製紙争議という長い争議がありました。岸伸子さんの研究によれば、青年婦人部のうたごえ班が新しい労働歌や民謡を歌い、ストライキ中の労働者や家族を励ましています(10)。長木誠司さんによれば、うたごえ運動は、生活の苦しい戦後でお金のかからない文化運動であり、優劣をつけずに「民主的」であり、コンクールなどで歌わないので「同一化と連帯」のための性格が強く、政治運動と不可分だったと指摘しています(11)。

そのうたごえ運動と近いところにあったのが合唱運動です。職場や学校での合唱が盛んに奨励され、敗戦後に急拡大します。個人の技能を集団で補うので戦後民主主義と共通性があり、男女交際の場になったことも戦後の雰囲気にあっていました。うたごえ運動と違うのは、合唱運動にはコンクールがあり、比較と競合を通じて序列がつけられたことです(12)。高度経済成長以降になると、職場の変容によって男性は企業戦士

(10)岸伸子「王子製紙争議をうたごえ運動とともに」(『女性史研究ほっかいどう』三号、二〇〇八年)。
(11)前掲、長木「〝運動(ムーヴマン)〟としての戦後音楽史 1945~」(6)~(8)〈合唱運動(1)~(3)〉、同「〝運動(ムーヴマン)〟としての戦後音楽史 一九四五~」(9)~(14)〈うたごえ運動(1)~(6)〉(『レコード芸術』五三巻九~一二号、五四巻一~二号、二〇〇四~二〇〇五年)。
(12)前掲、長木「〝運動(ムーヴマン)〟としての戦後音楽史 一九四五~」(6)~(8)〈合唱運

にかりだされ、男性合唱から混声合唱、女性合唱へと合唱の担い手が変化します。一九六〇年代半ば以降にひろがったフォークソングは、歌い方を変えることになりました。共同性を基調にした合唱から少人数・個人への変化です。私も高校生のころ、一番安いギターを買ってフォークソングを練習しました。自宅の前がお墓だったので、お墓に向かって歌っていました。お墓には迷惑をかけたかもしれません。

全日本合唱連盟がいうように、現在の「わが国は、世界の中で最も合唱の盛んな国のひとつ」のようですが、うたごえ運動は労働運動の盛衰と軌を一にして一九六〇年代にピークがあり、合唱運動も一九六〇年代に担い手の変化があったこと、フォークソングをギターで歌うという歌い方が合唱やうたごえとは違うものとして受け入れられたことからすれば、合唱の歴史は一九六〇年代に曲がり角をむかえたと理解しておくのがよさそうです。

うたごえ運動や合唱運動に至るまでの戦前の歴史を振り返ると、重要なふたつの系譜が目にとまります（次頁図参照）。ひとつは革命歌やメーデー歌などが社会運動の中で歌われたことです。革命歌や労働歌の歴史をまとめた矢沢保によれば、その歴史は三つの段階をへているといいます(13)。第一の段階は、その国のもっとも大衆的な歌を借りて社会運動の目的にそった歌詞の歌が歌われることに始まり、第二の段階は、外国の革命歌の翻訳・移入が行われる段階、第三の段階は、その国独自の革命歌が創り出される段階です。日本では、第一の段階が明治後期から大正前半期にあたり、第二の

動(1)～(3)〉。

(13)矢沢保『自由と革命の歌ごえ』（新日本新書、一九七八年、九～一〇ページ）。革命歌や労働歌については、絲屋寿雄『流行歌』（三一新書、一九五七年）も参照されたい。

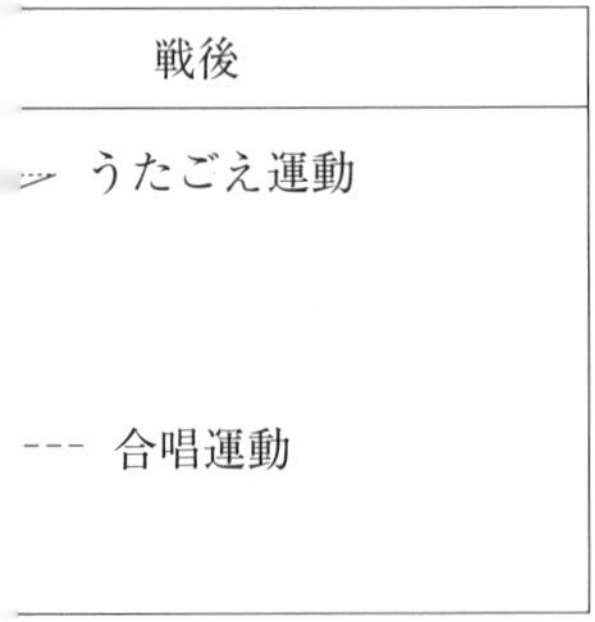

段階は大正中期から昭和初期まで、第三の段階は、プロレタリア文化運動の確立した昭和初めだと矢沢は指摘しています。

一九二〇年代に「メーデー歌」や「インターナショナル」が登場するまで、日本の社会運動でもっともよく歌われたのは「革命歌」でした。一九〇七年、『大阪平民新聞』が「革命歌」を募集し、築比地《ついひじ》仲助《なかすけ》の作品が採用されます。演歌師の添田《そえだ》唖蝉坊《あぜんぼう》は、四行で一連だった築比地の作品を六行に組み替え、旧制第一高等学校の寮歌「ああ玉杯」のメロディにのせました。集会などで歌うことは警察から禁止されましたが、「革命歌」は長く歌いつがれました。

矢沢によれば、それまで主に軍歌からメロディを借りていた革命歌・労働歌は、この「革命歌」によって寮歌と結びつくことになります。二〇世紀に入ってからの寮歌の流行が背景にありました。矢沢は寮歌による近代的な大衆歌の形式を革命歌にとりいれた唖蝉坊のセンスを高く評価しています。一九二〇年（大正九）の第三回メーデーで「メーデー歌」が歌い始められます。「メーデー歌」もメロディは旧制一高の寮歌「アムール河の流血や」に借りたものでした。

今日のコメントの関心からすれば、革命歌や労働歌はどのように歌われたのか、それは戦後のうたごえや合唱に結びつくものであったのか、そのことが気になります。

図　うたごえ運動・合唱運動の系譜

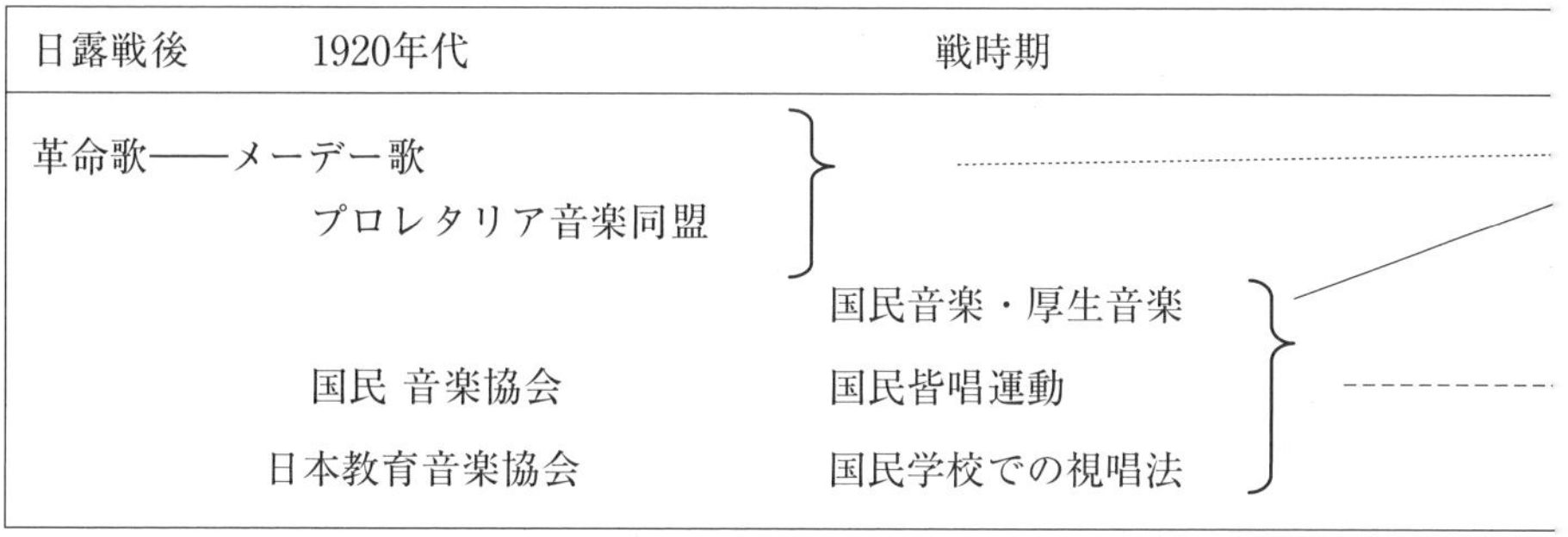

ふたつのシーンを紹介してみます。ひとつは、一九〇七年（明治四〇）、栃木県佐野町で両毛同志会が開かれたのち、築比地仲助の村まで帰る三里半の道すがら、佐藤悟が音頭をとって「革命歌」などいろいろな歌が歌われたシーンです(14)。佐藤は添田唖蟬坊の弟子です。唖蟬坊は「革命歌」の歌詞を書きかえるなど、革命歌や労働歌にも深くかかわりましたが、自分自身は街頭などで婉曲的表現を用いて世相を風刺する演歌の歌い手でした(15)。日本の社会運動の歌は、自由民権期から日露戦後にかけて歌われた演歌と、日露戦後以降の「革命歌」「メーデー歌」があり、一人で歌う演歌から集団で歌う革命歌・労働歌へと変わっていきます。唖蟬坊の弟子が音頭をとったわけですが、「革命歌」はおそらく演歌のように歌われたわけではないでしょう。寮歌のメロディを借りているので、「革命歌」は寮歌のように歌われたのではないでしょうか。

もうひとつのシーンは、戦後直後に黒澤明が作っ

(14) 前掲、矢沢『自由と革命の歌ごえ』、四九頁。

(15) 本フォーラム終了後、能川泰治「歌う社会運動家」添田唖蟬坊の誕生」（『金沢大学文学部日本史学研究室紀要』第2号、二〇一〇年）が発表された。演歌の歴史的意義が検討されているので参照されたい。

た映画「我が青春に悔いなし」です。映画では、戦前の滝川事件がモデルにされていて、京大の学生たちがデモを弾圧されたあと、「滝川事件の歌」を歌うシーンがでてきます。「滝川事件の歌」は軍歌の「戦友」のメロディを借りたものです。軍歌や寮歌のメロディを借りた革命歌・労働歌は、合唱のようにではなく、軍歌や寮歌のように歌われたのではないでしょうか。

昭和の初期になると、合唱の歴史にとって注目すべきことがふたつあらわれます。ひとつは、プロレタリア文化運動のなかで、一九二九年（昭和四）、日本プロレタリア音楽同盟が誕生することです(16)（図参照）。音楽同盟は、一九三〇年から三四年まで「プロレタリア大音楽会」を開き、ソロや合唱で歌を歌ったとあります(17)。音楽同盟には、戦後にうたごえ運動の誕生にかかわった関鑑子が加わっていましたが、一九三四年ころに活動を停止しています。

もうひとつは合唱コンクールが始まったことです。作曲家で音楽教育家の小松耕輔は、欧米で合唱運動や合唱コンクールに接し、刺激を受けて帰国します。一九二七年（昭和二）に国民音楽協会を設立し、「第一回合唱競演大音楽祭」を開催します。このコンクールは、戦争で中断されるまで続けられます。一九三二年（昭和七）には、日本教育音楽協会（一九二二年創立）主催による、子どもだけを対象にした「児童唱歌コンクール」が開かれます。当初より、日本放送協会のラジオ放送と連携して一九四三年（昭和一八）まで開催、戦後は、幾度かの改称をへて「NHK全国学校音楽コンクー

(16)誕生当時は「日本プロレタリア音楽家同盟」と称していたが、一九三三年に「日本プロレタリア音楽同盟」と改称したので、ここでは後者の名称に統一しておく。

(17)前掲、矢沢『自由と革命の歌ごえ』一四六ページ。

ル」として現在でも続けられています。プロレタリア音楽同盟や合唱コンクールが戦後のうたごえ運動・合唱運動とどのように関連していたのか（いなかったのか）、これは今後の検討課題です。

合唱は戦時期に重要な画期をえます（図参照）。産業報国運動のなかで労働者のレクリエーションが開発され、国民音楽、厚生音楽が奨励されるなかで、ブラスバンドと合唱が重視されます[18]。大日本産業報国会中央本部の一員として厚生音楽運動を指導した清水脩は、合唱こそは「国民音楽の創成に地盤的な力となることは疑ひを容れない」[19]と述べています。同じ時期に、大政翼賛会や情報局によって、歌唱指導隊を全国に派遣して指定楽曲を歌唱指導する国民皆唱運動も行われています[20]。また、戦時下の国民学校では、音符を見ながら重唱する視唱法が導入されます。視唱法による合唱指導は、軍国主義的要素を除いて戦後も続けられましたので、皆さんも学校の音楽の時間にやったことがあると思います。日本の合唱の歴史にとって戦時期は重要な画期だったといっていいでしょう。高岡裕之さんは、このような戦時期の取り組みは、戦前にあった洋楽と邦楽、高級音楽と大衆音楽といった二重文化を解消していく過程だったのではないかと指摘しています[21]。

以上からすれば、合唱で歌うという歌い方は、戦前の革命歌・労働歌とプロレタリア音楽運動や合唱コンクール、戦時の国民音楽・厚生音楽・国民学校などをへて、戦後の一九五〇年代にうたごえ運動・合唱運動として展開した系譜をたどることができ

(18)高岡裕之「十五年戦争期の『国民音楽』」（戸ノ下達也・長木誠司編『総力戦と音楽文化』青弓社、二〇〇八年）。
(19)同前、五〇ページ（原資料は、清水脩『合唱指導必携』日本音楽雑誌、一九四四年）。
(20)戸ノ下達也『音楽を動員せよ』（青弓社、二〇〇八年）。
(21)前掲、高岡「一五年戦争期の『国民音楽』」。

そうです。また日本の社会運動の歌の系譜は、一人で歌う演歌から、寮歌や軍歌のメロディを借りて集団で歌う「革命歌」「メーデー歌」の段階をへて、合唱とかかわった歌の段階に至ると理解してよさそうです。これらの系譜の歴史的意味をさらに解き明かす必要があります。

ところで、これらの系譜をみれば、合唱からは社会運動や総力戦、学校教育など、運動や政治、制度と強くかかわる面が見えてきますが、しかし、合唱は歌う人たちの暮らしや生き方と何らかのかたちで結びついていたからこそ続いたのであり、その点に留意する必要があります。

「歌う」の最後にひとつのドラマを紹介します。立川志の輔の新作落語「歓喜の歌」が二〇〇八年に映画とドラマになりました。映画は見ていませんが、私は北海道放送制作のドラマをたまたま見ました[22]。鄭義信《チョンウィシン》の脚本がしっかりしていて、とても優れたドラマです。女性合唱サークルと市の職員がいろいろと絡まり合うなかでストーリーが展開します。

先ほど話した合唱の系譜からすれば、学校教育が合唱を続けるきっかけになっています。中学校の合唱部の人たちが長じたときに女性合唱サークルをつくり、中学校時代に指導してくれた音楽の先生に新しい合唱サークルの指導を頼みます。学校教育は合唱を広げる重要な場だといっていいでしょう。音楽の先生を大滝秀二が演じていて、生徒として田中裕子やあき竹城、根岸季衣などが出演しています。

(22)テレビドラマ「歓喜の歌」のホームページ、http://www.htb.co.jp/kanki/index.html。

そのような学校の系譜もあるのですが、このドラマが優れているのは、合唱サークルに入っているそれぞれの人たちの生活背景が丹念に描かれているところです。たとえば田中裕子は重い病気を抱えていてリサイタルがあと一回できるかどうか分からない。あき竹城は旦那が脳梗塞で倒れています。根岸季衣は二人の要介護者をかかえていて、女手ひとつで子どもを育てている吉本菜穂子などが出てきます。女性たち一人ひとりを取り出してみれば、どこかにいるような人たちなのですが、そのような人たちの生活背景を丹念に描くことで、合唱サークルは日々の暮らしに欠かせない存在であることが浮かび上がってきます。余分を排した鄭義信の脚本が合唱のうた声と巧みにからみあい、余韻が残ります。それぞれの人生にはそれぞれの困難があるのですが、その余韻からは、彼女たちはみな歌と合唱が好きなこと、でもそれだけでなく、合唱サークルを通じてそれぞれの人生を支え合うつながりがつくりだされており、そのようなサークルが存在することで日々暮らしていけるのだというメッセージが伝わってきます。

とくにベートーベンの「歓喜の歌」を歌うリサイタルから中島みゆきの「時代」へつながる最後のシーンは何度見ても秀逸で、歌や合唱のもつ喚起力やドラマの可能性を思い知らされます。出演者の一人ひとりが、市民会館で清掃係のモップをかけながら、要介護者のいる家庭で家事をしながら、縫製直しのミシンをかけながら、娘の手を引きながら、それぞれ「時代」を口ずさむシーンからは、もしこのような歌や合唱がなければ彼女たちの人生はどうなってしまったのだろうか、彼女たちは何がしかのつながりをつくることでそれぞれがかかえた困難を乗り越えようとしている、それがここでは合唱なのではないのか、そのようなつながりが人びとにとってもつ意味は過去も今も同じなのではないのか、そんな感想を抱きました。「月はどっちに出ている」や「愛を乞うひと」の脚本で知られる鄭義信は、このドラマでは、おかしみや笑いを軸にしながら、背後でさりげなく、二一世紀初頭の日本では、家族や女性にしわよせが重なっており、人びとのつながりは存外にか細く、北海道には厳しい現実が押し寄せていることを示唆しています。一度見るとまた見たくなるドラマです。

合唱については、今まで国民音楽やうたごえ運動とかかわって政治や運動の面が強調されてきましたが、その背後にどのような暮らしがあって合唱が続いているのか（あるいは続かないのか）、いわれてみればごく当たり前のことですが、そのようなことをきちんと検証する必要があると思っています。

3、「書く」こと、「歌う」ことの歴史的意味

今日は「書く」と「歌う」の二つのことを話しました。二つの事柄の歴史的意味をまとめておきます。

ひとつは学校教育の影響の大きさです。学校教育は「書く」「歌う」が普及する重

要な契機になりました。日本の大衆文化における学校文化の影響を測定する必要があります。

二つ目に、総力戦の時代と敗戦から一九五〇年代ぐらいまでの二つの時代が大きな画期としてあると思います。二つの時代を通して二重文化が解消されたといっていいでしょう。二重文化の解消にとって、「書く」「歌う」ことの大衆化が大きな意味をもったように思います。

三つ目は個人化と共同性です。「書く」「歌う」には、個人化の契機とともに、国民や大衆、階級などの共同性をまとめていく契機があります。

四つ目は、統制と逸脱、あるいは権威と自由です。「書く」「歌う」には、同一化やモデルストーリーを通じて人びとを統制し、人びとに権威を与える面があります。統制と権威から強力な共同性がつくりだされます。他方で、バッケの会の回覧ノートやドラマ「歓喜の歌」のように、「書く」「歌う」には統制からの逸脱や権威からの自由をつくりだす側面があります。そこからは自由と主体性による共同性がめざされます。統制と逸脱、権威と自由のあり様を丁寧に読み解くことが必要です。「書く」こと、「歌う」ことの表現、身体表現をどのような方法で行うのか、統制的な方法なのか、そうではないのかといったようなことは、大衆文化や戦後の社会のありようを考えるうえで大事なポイントになるのではないかと思っています。

4、声に出して読む——おわりにかえて

最後に「読む」について簡単に話して終わることにします。

岩手県和賀町の一九六〇年ころのことです。社会教育主事の小原徳志は、社会教育をすすめるにあたり、読む（読書・朗読）、書く（生活記録）、見る（視聴覚教育）、語る（戦争体験）、演じる（演劇）を重視しました。小原は、町内で開いた第一回の「農村婦人の戦争体験を語る集い」の冒頭で、初めて人前で詩を朗読します。峠三吉の『原爆詩集』です。詩の朗読は、「形式化した町の集会のあいさつをぶち破り、活字になっている詩を肉声化」して、「婦人たちの戦争体験の真実の叫びをよびおこすみなもと」になったと小原は述べています。(23)

白石かずこは、吉増剛造らと並び、詩を朗読する詩人として有名です。白石が一九六〇年代後半にジャズ演奏にあわせて詩を朗読したとき、「詩人たちのほとんどは、現代詩を朗読することに猛烈に反対していた」と回想しています。(24) 戦後の現代詩は、戦前や戦時の詩を否定し、自由な発想にもとづいてつくられてきたはずです。その現代詩でジャズ演奏にあわせて詩を朗読するという新しい試みが「猛烈に反対」されたのです。白石の詩の朗読は形式化するスタイルの革新をめざすものであり、小原の朗読も形式化する行政のスタイルを打破しようとしたものでした。

(23) 小原徳志『石ころに語る母たち』（未来社、一九六四年）。

(24) 白石かずこ『黒い羊の物語』（人文書院、一九九六年）。

戦時下の愛国詩朗読を研究している坪井秀人さんによれば、明治末から行われるようになった朗読は、ラジオの番組にも取り入れられました。戦時期になると、朗読は「音声性への志向」を強め、「国語醇化」「戦意高揚」のための朗読詩運動が盛んになります。[25] 戦時下の詩の朗読は、権威による喚起を促すものだったのに対して、小原や白石の詩の朗読は、権威や形式への自由を求めるものでした。

「書く」「歌う」にも統制と自由の両面があったように、「読む」にも権威と自由の両面があります。どのように「読む」のか、どのような状況のもとで「読む」のか、それが問われるのです。

最後に、もう一度、和賀町の例を出して終わりにします。和賀町で一年に一回、「千三忌」が開かれています。町内には、アジア大平洋戦争で戦死し、「南無阿弥陀仏」とだけ彫られた高橋千三の墓が母セキによって残されています。詩人で生活記録をつづけてきた小原麗子さんは、千三の墓の近くに越してきたことをきかっけに、一九八五年から千三を弔う千三忌を始め、いまに至っています。

血縁でない人が始めた千三忌は、二〇〇九年で二四回目をむかえました。私は、二〇〇六年の千三忌に参加させてもらいました。三〇名の参加者のうちの三分の二は女性であり、みな踊りや短歌、俳句など多彩な芸の持ち主です。千三忌は、最後に恒例の「駄句」を参加者全員で詠んでおひらきになります。駄句とは、無季語でもよく、五七五の定形を用いて千三忌を表現し朗読するものです。俳句の詠み手もそうでない

(25) 坪井秀人『声の祝祭』(名古屋大学出版会、一九九七年)。

人もみな句を披露します。私もはじめて参加者の前で句を詠みました。当日の駄句の一部を紹介してみましょう。

満天星《どうだん》の紅深めつつ秋暮るる　麗
鶏頭の途を通りて千三忌　又女
宮古からサンマも届いて千三忌　ふうせんかずら
生き延びて戦士弔う胸が哭く　缶丸
千三忌落日を背に誓い立て　野風《のかぜ》

駄句とは何なのでしょうか。駄句とは、定まった表現形式を楽しみながら、上手下手を問わずに（競わずに）朗読し、句にこめた意味をともに考えるものです。権威や統制から自由なところで句を詠む、それを駄句と称して楽しむ、それが駄句です。どのような表現方法で「書く」「歌う」「読む」のか、それは人びとの暮らしや文化のあり方とも密接にかかわる大事な事柄だと私は思っています。

【参考文献】

糸屋寿雄『流行歌』三一新書、一九五七年
大門正克『近代日本と農村社会』日本経済評論社、一九九四年

大門正克『民衆の教育経験』青木書店、二〇〇〇年
大門正克『全集日本の歴史15　戦争と戦後を生きる』小学館、二〇〇九年
小原徳志『石ころに語る母たち』未来社、一九六四年
岸伸子「王子製紙争議をうたごえ運動とともに」『女性史研究ほっかいどう』三号、二〇〇八年
白石かずこ『黒い羊の物語』人文書院、一九九六年
高岡裕之「十五年戦争期の『国民音楽』」戸ノ下達也・長木誠司編『総力戦と音楽文化』青弓社、二〇〇八年
田村紀雄『ガリ版文化史』新宿書房、一九八五年
長木誠司「〝運動（ムーヴマン）〟としての戦後音楽史　一九四五～」⑹～⑻〈合唱運動⑴～⑶〉『レコード芸術』五三巻六～八号、二〇〇四年
長木誠司「〝運動（ムーヴマン）〟としての戦後音楽史　一九四五～」⑼～⒁〈うたごえ運動⑴～⑹〉『レコード芸術』五三巻九～一二号、五四巻一～二号、二〇〇四年～二〇〇五年
坪井秀人『声の祝祭』名古屋大学出版会、一九九七年
戸ノ下達也『音楽を動員せよ』青弓社、二〇〇八年
能川泰治「「歌う社会運動家」添田唖蟬坊の誕生」（『金沢大学文学部日本史学研究室紀要』第二号、二〇一〇年
矢沢保『自由と革命の歌ごえ』新日本新書、一九七八年
山代巴『荷車の歌』筑摩書房、一九五六年

コメント2

成瀬巳喜男の映画と「浮雲」の美術

竹中和雄　美術監督

聞き手：安田常雄

1、私の戦中・戦後

安田　今回の現代展示では具体的な実物史料の展示とともに、タッチパネルといって、映像の選択画面をさわっていただき、自分の見たい映像を出していただくというものを最大限使いたいと思っています。とくに戦後日本におけるさまざまな映像作品については、それぞれのパートの中でテーマ分けをしまして、かなり多くの映像作品を収録しております。もちろん全部収めるわけにはいかないので、それぞれいちばんのエッセンスのところを三分ほどに圧縮して観ていただくということにしてあります。先ほどからご紹介いただいている一九五五年（昭和三〇）東宝映画「浮雲」というのは、造作された展示もそうですけれども、同時に映像作品としても展示造作と関わる焦点の部分をタッチパネルでご覧いただけるようになっています。今日登壇してい

ただいた竹中和雄さんは、当時、映画「浮雲」の美術の助手として入られていたということで、今回、セットの復元にあたってさまざまな点でご尽力をいただいたということもございます。今回の展示全体の中で、映画作品の持っている意味、さらには映画美術のもっている問題というのをわれわれはどう受け止めたらいいかというようなさまざまな問題がございますので、コメントというかたちで登壇いただいたわけです。

最初に、「私の戦中・戦後」というお話からはじめさせていただきます。次に当時「浮雲」が作られた時代、特に一九五三年、五四年、五五年という頃、つまり昭和二八年、二九年、三〇年あたりの話を中心に、当時の映画美術のお話をうかがおうと思います。三番目に、映画「浮雲」セットに関する美術表現の特徴やねらい、技術的なご苦労などのお話をうかがえればと思います。また合せて、成瀬《なるせ》巳喜男《みきお》と小津《おづ》安二郎《やすじろう》*については、お二人の映画について、竹中さんの眼からどのように見えていたかについてお話をいただければと思っております。

まず、戦争中から戦後にかけて竹中さんが向き合った戦後日本というのは、竹中さんにとってどのような時代だったのかというようなこと、それは同時に竹中さんが映画美術というお仕事に入っていくバネになったということでもありますので、その辺からお話をうかがいたいと思います。レジュメ

*成瀬（一九〇五－一九六九）、小津（一九〇三－一九六三）。

に「一九四五年夏旧制中学三年生」と書いてありますので、そのあたりのお話からお願いします。

竹中　旧制中学、現在の高校のことです。その前に、今このバック（壇上スクリーン）に流れていますのは、歴博でご覧になれる「浮雲」のセットの実物大の展示です。この手前に照明機材のライトと、映ってはおりませんけれども、ミッチェルのキャメラや周辺機材が展示してあります。これはわれわれの同僚の原一民さんというキャメラマンやライトマンの方にも協力していただきました。

　客席を見渡しますと頭髪の具合が似ておられる方もいらっしゃるので心強いのですが、私が生まれた時からまもなく…、一年か二年後です。いわゆる十五年戦争、満州事変が始まります。そして終戦の四五年（昭和二〇）まで私は軍国少年として教育されました。終戦の詔勅は動員先の工場で聞いたのですけれども、その時にクラスの一同が集まって「時が来たらまたやろうぜ」といって小指を切って血判状を作ったぐらいの軍国少年でした。それが八月一五日を境にして学校に帰ったわけですが、そうしたら、昨日までやたら殴るのが好きな先生とか、さまざまな先生がいらっしゃいましたけれども、みんな一様に変わってしまったのです。それについてなんの弁明もありません

でした。ちょうど多感な時期でしたし、学校に対する不信というものを初めて経験したわけです。

幸いにといいますか、不幸にもといってもいいのですが、学校が新宿にありましたので、近くに映画館がいっぱいありました。教室を抜け出しては出かけ、そちらのほうが教室みたいになっていったわけです。当時はご存じのように映画館は超満員でした。ドアからはみ出して外から人の頭越しにスクリーンを見るような状態でした。覚えている方も大勢いらっしゃると思います。そんな中で、映画によって、今までの閉じこめられたような狭い世界から初めて多様な外の世界を見ることができたような気がして、ちょっとのめり込んでいったわけです。そんなことがありまして、時が過ぎて、なぜかしら私は争議*が終わった直後ですけれども、東宝の撮影所に入りました。それで現在にいたっているわけです。

*東宝争議、一九四八年六月。

2、映画「浮雲」の撮影と映画美術

安田　戦後直後の大衆文化には流行歌とともに、映画の持っている力が解放というイメージと結びついて広がっていた。ある意味では固有の戦後というべき時代だったと思います。そろそろ本題に入りますが、昭和三〇年前後の東宝

表　昭和三〇年前後の映画作品

＊公開年・作品名・監督名・歴博展示

作品名	監督名	歴博展示
一九四九年（昭和24）		
青い山脈	今井　正	●
続　青い山脈	今井　正	●
一九五〇年（昭和25）		
宗方姉妹	小津安二郎	
また逢う日まで	今井　正	
醜　聞	黒澤　明	
羅生門	黒澤　明	
一九五一年（昭和26）		
源氏物語	吉村公三郎	
麦　秋	小津安二郎	
白　痴	黒澤　明	
め　し	成瀬巳喜男	
愛妻物語	新藤兼人	
カルメン故郷に帰る	木下恵介	●
一九五二年（昭和27）		
原爆の子	新藤兼人	●
本日休診	渋谷　実	
お茶漬けの味	小津安二郎	
生きる	黒澤　明	
稲　妻	成瀬巳喜男	
真空地帯	山本薩夫	●
カルメン純情す	木下恵介	●
一九五三年（昭和28）		
君の名は　第1部	大庭秀雄	●
君の名は　第2部	大庭秀雄	
日本の悲劇	木下恵介	●
東京物語	小津安二郎	
山の音	成瀬巳喜男	
ひめゆりの塔	今井　正	
あにいもうと	成瀬巳喜男	
縮　図	新藤兼人	
一九五四年（昭和29）		
君の名は　第3部	大庭秀雄	
七人の侍	黒澤　明	
山の音	成瀬巳喜男	
晩　菊	成瀬巳喜男	
ど　ぶ	新藤兼人	
二十四の瞳	木下恵介	●
ゴジラ（第一作）	本多猪四郎	●
一九五五年（昭和30）		
夫婦善哉	豊田四郎	
浮　雲	成瀬巳喜男	●
生きものの記録	黒澤　明	
一九五六年（昭和31）		
真昼の暗黒	今井　正	
ビルマの竪琴	市川　崑	

流れる　成瀬巳喜男
早　春　小津安二郎

一九五七年（昭和32）

幕末太陽傳　川島雄三
東京暮色　小津安二郎
米　今井　正
蜘蛛巣城　黒澤　明
どん底　黒澤　明
あらくれ　成瀬巳喜男
どたんば　内田吐夢　●
明治天皇と日露大戦争　渡辺邦男　●

一九五八年（昭和33）

無法松の一生　稲垣　浩
張込み　野村芳太郎
楢山節考　木下恵介
彼岸花　小津安二郎
隠し砦の三悪人　黒澤　明

杏っ子　成瀬巳喜男
二等兵物語　死んだら神様の巻　福田晴一　●

一九五九年（昭和34）

私は貝になりたい　橋本　忍
キクとイサム　今井　正
野　火　市川　崑
人間の条件（第一・二部）　小林正樹
浮　草　小津安二郎
第五福竜丸　新藤兼人　●
にあんちゃん　今村昌平　●
愛と希望の街　大島　渚　●

一九六〇年（昭和35）

秋日和　小津安二郎
悪い奴ほどよく眠る　黒澤　明
女が階段を上る時　成瀬巳喜男

おとうと　市川　崑
裸の島　新藤兼人
日本の夜と霧　大島　渚
青春残酷物語　大島　渚　●

一九六二年（昭和37）

放浪記　成瀬巳喜男

※当日のレジュメに掲載された表をもとに作成しました。

撮影所ということでございます。今日、レジュメに付けました資料を簡単に説明させていただきますと、まずひとつは、つい先日、一一月二一日付の『朝日新聞』にこれまでの日本映画全体を対象にして一〇〇人ぐらいの識者の方に選んでいただいた「オールタイム・ベスト一〇」というのが記事に載っておりました。* そこにさまざまな名画が載っているのですが、今回取り上げる「浮雲」は、「東京物語」（小津安二郎監督）、「七人の侍」（黒澤明監督）に次いで三位にランクされているんですね。次に昭和三〇年前後の映画作品の一覧で（表）、これは一九四九年（昭和二四）から一九六二年（昭和三七）までのところに限ってありますけれども、主要な作品をあげてあります。●印のついているのは、最初に申し上げた展示室のタッチパネルでさわってご覧にいただける作品群ということでございます。今日のお話の中心になる一九五三年、五四年、五五年ですが、今から振り返ってみると、この時代東宝撮影所というのは、今日までさまざまなかたちで語り伝えられていくいくつかの傑が集中的に作られた、あとからみると非常に希有な時代だったと見えます。たとえば一九五四年（昭和二九）には「七人の侍」が公開されます。先ほど話に出た「ゴジラ」第一作は、同じ年の一一月三日に封切られるわけです。そして一九五五年には今回取りあげた成瀬巳喜男監督「浮雲」という作品が作られます。ほぼこういう短い集中した期間、ちょうど戦後一〇年ワン・サ

*『キネマ旬報』創刊九〇周年記念、日本映画・外国映画オールタイム・ベストテンによると、日本映画のベストテンは以下の通り。

1位・東京物語／2位・七人の侍／3位・浮雲／4位・幕末太陽傳／5位・仁義なき戦い／6位・二十四の瞳／7位・羅生門、丹下佐餘話 百萬兩の壺、太陽を盗んだ男／10位・家族ゲーム、野良犬、台風クラブ（7位と10位は、それぞれ同率で三作品）。

イクルが回った時代ということになるのですが、その時代にまさに竹中さんは、その東宝撮影所におられたということですので、そのあたりのお話をお願いしたいと思います。

竹中　これはちょっと映りが薄めなのですけれども、当時のポスターです。ということで、「浮雲」の話に入っていきたいと思います。

成瀬巳喜男という監督は松竹出身だったわけです。小津安二郎さんの後輩でして、五所平之助さんらと無声映画時代に松竹の蒲田でスタートした監督です。それが、その後ＰＣＬという音声を同時録音をする新しい会社ができまして、東宝の前身ですが、そこへ移られたわけです。ご存じのことかと思いますが、松竹時代に二人の小津はいらないといわれてくさったという風聞がございます。つまり松竹ではちょっと不遇だったように思います。それで東宝に移られたわけです。東宝ではかなりの数の作品を作っていらっしゃいますが、監督人生の全体からすると中頃というのでしょうか、「浮雲」を作ったのが一九五四年です。一九五五年が封切りですから、五四年の作品です。

成瀬さんは非常に寡黙な方でした。撮影の現場は常に水を打ったように静かな現場でした。たまたま私はこの「浮雲」につく前に「七人の侍」の助手でついておりまして、これは一年かかりましたけれども、ご存じのようにあ

映画「浮雲」ポスター　(©1955　東宝)

あいう活劇ですから、静かに撮るというわけにはいかなかったと思いますが、「バカ野郎」「デコ助」というような怒号の飛び交う凄まじい現場でした。それが成瀬組についたら水を打ったような静けさで、そのコントラストが印象的でした。

ただいま申し上げたように成瀬さんご自身が非常に寡黙な方でした。そして、その手法は一口で言えば平凡なんです。つまりたとえば俳優さんに対してダメを出す時には、…ほとんどダメは出されないのですが、「オーバーだよ」というダメの出し方でした。つまり一種の平凡さといいますか、オーバーなものはやめてくれ、日常性を演じろといったことでした。脚本もそうです。以前、世田谷文学館で「成瀬巳喜男展」の時に展示されていた成瀬さんの撮影台本をみたら驚きました。三分の一ぐらいのセリフが黒い墨で消してありました。つまり過剰な説明的なものをすべて排除して簡潔に簡潔にと考えていらしたようです。ということで、われわれスタッフも同じことを要求されました。たとえばキャメラの場合は、俳優さんに対しての目線の高さでしか撮りませんでしたし、フィックスといって…、カメラをあまり動かさないで撮ります。もちろん小津安二郎さんのように同じ簡潔でも寝そべってローアングルから撮る特殊なアングルではなくて、普通の目線の高さでした。それから溝口健二《みぞぐちけんじ》*さんのようにクレーンを使った俯瞰撮影などそういった撮影は

*溝口（一八九八–一九五六八）

特殊な場合を除いてほとんどなさいませんでした。横移動すらも人が歩く時に付けるぐらいのことで、ただキャメラだけが移動するようなことはありませんでした。つまりキャメラワークも平凡をねらっているのです。ということは美術も同じです。

この写真（左頁上）は「浮雲」のロケーションでの成瀬監督と幸田ゆき子役の高峰秀子さん、後ろ姿が富岡兼吾役の森雅之さんです。美術に関しても自然さ、ナチュラルさ以外のものは受け付けませんでした。つまりロケだかセットだか分からない。それだけ自然の中にとけ込んでいるわけですが、それは意外に技巧の果てにできるもので、自然のままではそうならないのです。つまり自然以上の自然のかたちというものが隠れているわけです。美術監督の中古《ちゅうこ》智《さとし》さんはよくセットのデザインについて批評を受けていましたが、そこのところをご理解していただけたら中古さんも喜ぶと思います。つまり、スタッフにしろ、キャメラにしろ、もちろんすべての俳優さんについても、極端な自己主張を抑える、つまりドラマの中に自然に入り込むことを要求されたように思います。

中古智さんといいましたので、写真（左頁下）でご紹介します。真ん中にいる人が中古さんです。その左が成瀬さんです。成瀬さんは当時たぶん四〇代の後半ぐらいです。中古さんは四〇の半ばぐらいです。その隣の（写真に

映画「浮雲」ロケーション時の一コマ（歴博所蔵）

映画「浮雲」撮影時のスタッフ集合写真（竹中蔵）

向かって右端）若造が私でして、二四、五歳という半世紀以上前の写真です。

中古さんは「浮雲」のデザイナーでして、私はそのチーフの助手でした。成瀬さんとは名コンビでございまして、成瀬さんが晩年亡くなるまでほとんどの写真を一緒につくっていらした美術監督です。

さてセットのほうにいってみたいと思います。これが「浮雲」の時に東宝の裏の広場に組んだ闇市のセットの一部です（左頁上）。闇市の建物の左側に路地がずっとありまして、そこから左に回ると、次の写真の鉄骨ごときものがちらっと見えています。そこを回ってくると、今、高峰さんが戸口に立っていますけれども（左頁下）、この路地に通じる道がありまして、この左の建物、録音の助手さんがマイクの棒をもって立っている家が今回展示しました「ゆき子の家」です。闇市の中にものを出している雑貨屋の倉庫を借りて住んでいる設定だったように記憶しています。先ほどの写真にアメリカの兵隊が映っていましたけれども、アメリカの兵隊のオンリーさんとなって、その日その日を生き延びるというところまでいってしまった彼女。パンパン、売娼婦時代のゆき子の部屋です。私が今回の展示で再現したいと思ったのは、パンパンの生活自体ではなく、本来ゆき子が立っている戦後の位置というのは、こういう寄る辺なくて、食うものもないという状態の中であり、そのセットとして、皆さんに示したかったわけです。それがこの写真です。これは一

映画「浮雲」闇市のセット（竹中蔵）

映画「浮雲」セット　ゆき子の家（暦博所蔵）

歴博に再現された映画「浮雲」撮影セット「ゆき子の部屋」再現(©1955　東宝)歴博所蔵

番最初に出したアングルよりももう少しよっています。ですから右側の出入り口のところはカットしてあります。手前ももちろんセットとしてはあったのですが、それもカットしてあります。これは図面も付けてございますので、それをご覧になれば分かると思います（図面は割愛）。

このセットについて、ちょっとご託を並べます。先ほど、たまたま私が「七人の侍」をその前にやっていたとお話ししましたが、この写真は、「七人の侍」の時に農民達が侍を探しに行く木賃宿のセットです。次の写真でバックの板の状況をご覧になっていただきたいのですが、このことをちょっとお話しします。それまで「汚し」というのはある一定の安易な方法で汚しておりました。エイジングといいます。あとは部分的にちょっと凝ってはみたりしていました。「七人の侍」の時に、初めてこの板をすべて焼きました。焼いて金ブラシで炭をこそげ落とすと木目がデコボコになって浮いてきます。そこに泥絵具を塗ると、へこんだところに吸い込まれて色がつきます。それを拭き取ると、木目が鮮明に出てきます。そのうえにさらにワックスを掛けて乾いた布でごしごし磨き上げるわけです。そうやって作っていったものです。「七人の侍」はああいうボロボロの農家が主ですから、すべてそういう材料をつくって使ったのです。黒澤さんもキャメラマンの中井朝一さんも、照明の技師も、あるいはわれわれハンドもみんな揃ってできあがったセットを一日かけて、初日は撮影せずにみんなで磨きました。そして二日目から撮影をしました。自分たちが磨いたセットですから、美術部だけではなく、すべての人たちがみんな大事にして、それを生かそうとしてライティングをしてくれています。そんなふうなことで非常に効果が上がったわけです。

そんなわけで「浮雲」も木造の小屋でしたから、そういった手法を使って作りました。それ以後、「七人の侍」に限らず、また東宝に限らず、次第次第に日本映画界全体の中にそういう古びさせるエイジングの手法というものが行き渡るようになりました。今はというと、皆さん普通にやっておられます。

成瀬さんはロケーションがあまり好きではありません。すべてセットもしくはオープンセットに持ち込んでやっています。「浮雲」でも、岡田茉莉子が演ずるちょっとあやしげな女・おせいが加東大介の演ずる向井清吉と一緒に住んでいる伊香保のシーンがあります。これは伊香保にロケーションには行っています。ところが撮ってきたのは、大階段の手前でお正月の獅子舞をやっているところだけで帰ってきてしまいました。芝居は全部セットに持ち込んでいます。階段も、オープンセットに裏階段ですけれども、延々と作りました。ではなぜそんなことをしたかといいますと、成瀬さんとしては珍しく、クレーンの移動で階段を上るゆき子と森雅之につけて公衆浴場の入口までワンカットでいきたかったのです。わざわざそのために大きなオープンセットを組みました。そんなことは日常茶飯事のことでした。

中古さんはその中で、自分の個性を出しすぎるとそぐわないわけです。しかし、ものを作るという時には、自分自身をかけるような何かがなければ絵は描けないわけです。それはデザイナーの宿命のようなものですが、成瀬組の場合は、リアリズムという定まった枠がきついわけですから、発想の飛躍ができません。その中で、たとえばゆき子の家のオープンセットのどぶの曲がりくねった掘り方といったものに、自分を抑えながら、一定のリアリズムの中で自己主張するという、とても辛いお仕事だったと僕は思っています。だけれども、成瀬さんと中古さんの関係が非常に和やかでお互い信頼関係が強かったものですから、最後の最後まで一緒に仕事をなさっていました。

3、歴博展示に込めたもの

安田　ありがとうございます。だいぶ時間もおしてきたのですが、今の話はひとつは成瀬さんの映画を撮る基本的なスタンスということで、二つのキーワードでお話しされたと思います。ひとつは「平凡」であるということ、もうひとつは「寡黙」であるということ。この二つはたぶん一九五五年（昭和三〇）にこの映画を撮られる時に成瀬さんがみていた戦後の日本は何だった

映画「七人の侍」にみるエイジングの手法（©1954　東宝）

歴博展示「浮雲」セットにみるエイジングの手法（©1955　東宝）歴博所蔵

のかということと非常に密接にかかわっているように思います。ある意味で、戦後日本は、平凡というよりもかなり突出したいろいろな出来事が次々と起こっていく時代だし、「寡黙」というよりもむしろ「饒舌」な時代です。そういうことに対するあるスタンスだということだろうと思います。

もうひとつは、「浮雲」の映画技術そのものが、日本映画の黄金時代における技術の最高水準を記録したものとよく言われておりまして、その一つの具体的な例が、今お話しいただいたいわゆる焼板処理です。ですから今度の歴博のセットも新しい材木でつくって、それを全部汚すわけです。その汚しの技術そのものが「七人の侍」を源流において作られたものということでございます。それ以外にも新聞紙を詰めるとかいろいろあるのですが、時間の関係もありますので、締めくくりのほうにいきたいと思います。今、画面に出ているのが今度入っているゆき子の家のちゃぶ台です。上から電気がともっておりまして、そこにはリンゴがおいてあります。リンゴを置くというのは、実は竹中さんの独創なのです。映画そのものでは出てきません。映画の中ではリンゴは置いていないのですが、竹中さんが「浮雲」という映画に込めた想いが表現されているのだろうと思うのですが、締めくくりとしてその辺のお話をお願いします。

竹中　成瀬さんは別名「やるせなきお」というあだ名があった方です。僕らは決してそんなことはいいません。「意地悪親父」という別名もございました。「めし」（東宝、一九五一年）や「晩菊」（東宝、一九五四年）あたりまで、つまり「浮雲」の前まで小津さんよりもう少し庶民寄りの哀歓を描いた作品が多かったですね。その中での最終的なまとめとしては、やはり当時常識的だったモラルの範囲の中で収まるといったスタイルだったような気がします。戦後「リンゴの唄」というのがはやりました。これは表側の唄です。裏に「星の流れに」―こんな女に誰がした―という唄がはやりました。これはご存じの方もいらっしゃるかと思いますが、「楽町のお時」という有楽町のガード下に立っていた売春婦の悲しい物語があるんです。実話です。それを歌った歌です。この「浮雲」は戦争中、南方の占領地で、ある男女の恋愛時代がありまして、敗戦でそれを一挙に失ってしまったわけです。無一文になって帰ってきて、まず生活があります。男の場合は本妻も含めた生活もあるし、ゆき子の場合はひとりぼっちです。どうやって生きていくか。食う、寝る場所すら確実ではないわけです。さらに男女のセクシュアリティを含めた生活を求めて漂流していくわけです。そしてついに女のほうが死にいたるまでを冷徹に見つめるわけです。

今までの成瀬さんにはないスタイルなんです。生きてゆくだけで精一杯だったあの時代を描きながら、その時代を超えて人間の業にまで迫るものでした。「浮雲」は私にとって忘れられない作品ですが、言葉では表せないサムシングというのでしょうか、心に残るものを、その思いを私は今回赤いリンゴに託してあそこに置いたつもりです。

安田　ありがとうございました。もう解説は必要ないと思いますが、以上のようなお話を思い出していただきながら歴博の展示、リンゴもちゃんと展示されていますので、ご覧いただければと思います。以上で「コメント２」を終わりにしたいと思います。

コメント3

戦後日本と沖縄
——写真・映像を中心に

仲里　効　写真家・映像批評家

撮られる対象から撮る主体へ

最初に展示趣旨を説明された安田常雄さんは、日本の戦後を五点ほどに要約され、その最後のところで「忘却としての戦後」についてコメントされました。荒川章二さんは、「戦後日本にとって沖縄とはなにか」という問題意識から沖縄を忘却することによってどういうことを生んだのか、ということに言及され、そして大門正克さんは「歌うこと、語ること」の中で『島クトゥバで語る戦世《いくさゆ》』を例にあげながら、語るにしてもどのようなことばで語るのかということに注目しての話をされました。私のコメントは、御三方の視点と問題認識への応答というかたちになるはずです。

沖縄はこれまで被写体であると同時に、語られ、眼差され、領有されつづけられた対象でした。たとえば日本民俗学や言語学などにおいては古の〈原日本〉が残された聖域として、近代に入ってからは帝国としての日本がアジア・太平洋へと膨張していく〈南進論〉の起点として、アジア太平洋戦争においては本土防衛を引き伸ばす持久戦の〈捨石〉とされ、軍人をはるかに上回る住民の死者を出した〈悲劇の島〉として、戦後に至っては日米安保や冷戦構造下のアジアの軍事的〈要石〉として、そしてそのアメリカの軍事的統治下における不条理な現実に対する沖縄住民の反戦や反基地運動に燃える〈抵抗の島〉としてなどなど、学問的関心から軍事戦略的な視野まで、眼差され、語られつづけられてきました。近年では文学をはじめ沖縄の諸表出が〈ポストコロニアル〉な問題関心から注目されるようになったり、亜熱帯の自然や文化風土への観光的欲望からする〈癒《いや》しの島〉としてみなされ、大量の沖縄イメージや沖縄表象が産出されています。写真であれ、映画であれ、製作された量はひとつの地域としてみれば、他に抜きん出ていることがわかります。ところが、そこには沖縄という主体が不在であるか、不在とはいえないまでも都合のいいように自己像を沖縄に投影しつつ領有することに終わっているのがほとんどです。

沖縄の戦後体験と映像言語

そういった語られ、眼差され、撮られ続けた沖縄から、眼差し撮る主体としての沖縄へ、という転回を映像で実践した例を、一人の映画作家と一組の集団の記録活動から考えてみたいと思っています。一人の映画作家とは、高嶺剛《たかみねつよし》(1)のことです。ご存知

(1)高嶺剛フィルモグラフィー／【自主制作映画】短編『サシングワー』（一九七三年）／『オキナワン ドリームショー』（一九七四年）／『オキナワン チルダイ―沖縄の聖なるけだるさ』（一九七八年）／『V・O・H・R 人間関係の眺め』（一九八二年）／【劇映画】『パラダイスビュー』（一九八五年、日本語字幕付・製作：ヒートゥバーンプロダクション、ベルリン国際映画祭・バンクーバー国際映画祭ほか出品）／『ウンタマギルー』（一九八九年、日本語字幕付・製作：パルコ ベ

の方もいらっしゃるとは思いますが、一九八九年に『ウンタマギルー』という映画を作っています。この映画は、ベルリン国際映画祭でカリガリ賞を受賞したほか、海外の映画祭で数々の賞を受賞した、いわば彼の代表的な作品といえます。高嶺はアメリカ施政権下の沖縄で高校まで過ごした、団塊《だんかい》の世代に属していますが、大学は「日留」といわれた国費制度で京都の大学に進学し絵を専攻します。当時の沖縄は、アメリカが本格的にヴェトナム戦争へ介入していくうえでの不可欠の軍事的なキーストーンとして、風景もミリタリーグリーンに染め抜かれ、世情は騒がしく殺気立った雰囲気に包まれていた時代でもありました。アメリカの施政権下にあって、たとえば通貨はドルを使い、交通方法も車は右側通行で、日本本土へ渡るにしてもＵＳＣＡＲと呼ばれたアメリカ民政府が発行するパスポートまがいの渡航証明証が必要でした。いわば、日本の戦後のフレームを形作った日本国憲法の外部でむき出しの占領を生かされていたのです。そのときの体験は、沖縄の戦後世代の感受性や思考のあり方にけっして小さくない影響をあたえたことは疑いようもありません。

　こうしたアメリカの占領体験がある一方、沖縄の戦後世代を特徴づける、無視できないもうひとつのファクターがあります。それは「日本復帰運動」の渦中で育ったことから受けた特異な刻印です。どういうことかといえば、「日本復帰運動」の中心的担い手であった沖縄の先生たちが実践した主語と主体の〝改造計画〟の対象になったということです。「共通語励行」や「日本人教育」を施され、「日本」は「祖国」とし

ルリン国際映画祭カリガリ賞・ハワイ国際映画祭グランプリ・ナント三大陸映画祭グランプリほか）／『夢幻琉球・つるヘンリー』（一九九八年、製作：市民プロデューサーシステム・高嶺プロダクション）／【ドキュメンタリー】『嘉手苅林昌　唄と語り』（一九九四年、製作：セスコジャパン）／『OKINAWA　N　SHIMAUTA　QUEEN・大城美佐子・唄語れぇ』（二〇〇七年）／『PUPPET SHARMAN STAR』（二〇〇七年）

て憧れの眼差しを植えつけさせられる教育をされてきました。ひとくちに「戦後体験」といっても、日本本土の同世代のそれとはおおよそ異なる時間と空間を生かされてきたことになります。ところが、こうした沖縄の戦後世代がアメリカ占領下で注入された日本への幻想は、進学や就職で実際に本土日本に来てみてはじめてその幻想に気づかされていきます。その気づきから改めて沖縄を発見していくという「私探し」の軌跡を辿らされていくことになります。高嶺剛も例外ではありませんでした。

いったん沖縄から出て、そこから沖縄をもう一度眼差し返していくといいますか、沖縄を相対していく視点を獲得していくわけです。高嶺剛の映像には、こうした沖縄に出自をもった表現者がくぐった、独特な経験の痕跡がまるでスティグマのように刻み込まれ、表現として高められていることがわかります。高嶺の映画において沖縄が自らの方法と語り口を、つまり文体を発明していったと言い換えることもできます。高嶺剛の映画には、沖縄の戦後が持ち得たもっともすぐれた映像言語と自立性が表出されているといっても過言ではないはずです。

高嶺剛は一九七三年に肖像写真に着色を施し、フェードイン・フェードアウトの手法で家族の記憶へのオマージュともいえる『サシングワー』を皮切りに、その翌年「日本復帰」前後の風景をスローモーションで凝視した『オキナワンドリームショー』などの実験映画から、ドキュメンタリーとフィクションを重合させ、「日本復帰」という名の併合をアイロニーを込めて問い返すとともに、沖縄で生きられた時間に注目した七六年の『オキナワンチルダイ』を経て、劇映画の世界に進み出ていきます。八五年の『パラダイスビュー』、八九年の『ウンタマギルー』、そして九七年に製作した『夢幻琉球・つるヘンリー』の多点重層的な眼とポリフォニックな声からなる世界は、〝琉球映画〟ともいえる表現世界を開拓していきます。また琉球民謡の唄者・嘉手苅林昌《かでかるりんしょう》＊や大城美佐子《おおしろみさこ》の唄と語りを、それこそカメラをペンのようにしてミュージックドキュメントを作っています。

これらの高嶺剛の映像実践から見えてくる特徴を、ここでは四点挙げて紹介しておきます。まず一つは、沖縄の役者の身体性にこだわったことです。キャストのほとんどを、沖縄芝居や琉球民謡の歌い手やオキナワンロックと呼ばれた異貌の音楽シーンを開拓したミュージシャンを登用し、彼らによって演じられた物語は〈非日本的〉としか言いようがない身体性が表現させていました。二つめは、沖縄の言語に注目し、その力を映像の運動として刻み込んだことです。科白はすべて沖縄のことばで話され、国語・標準日本語にはない声を再提示していったということです。三つめは、亜熱帯の風景のけだるさや漂いなどから醸し出される質感を手放すことなく、そのことが全体として物語に独特な律動と幻惑的な深みを与えていきます。むろん、それは新しさや奇を衒《てら》ったものではないことはいうまでもありません。四つ目は、物語の時代背景を、沖縄の戦後史を決した、七二年の「復帰＝併合」前後の転換期に設定していることです。このことは沖縄の「自己決定権」が試された、つまり日本に「復帰」するのか、

＊嘉手苅林昌（一九二〇―一九九九）

そうではなく「復帰」を拒否して自立を選択するのかが、沖縄自身の手にゆだねられていたということが含意されています。高嶺の劇映画には、この沖縄自身が試された転換期への注目が基調低音のように止むことなく鳴り続けているのがわかります。高嶺にとって日本への「復帰」は、沖縄の夢の喪失、自由の新たな空間の失墜として受けとめられています。「復帰」がもとの場所や地位や状態に戻ることを意味するならば、日本は沖縄にとってそのような回帰するところではなかった、という痛覚が物語のアンカーになっている。こうしたオキナワンドリームの喪失は、主人公たちのさまよいにおいて表象されていますが、特に『ウンタマギルー』の眉間《みけん》に刺さった槍と、その眉間の槍をかかえたまま海辺をさまようギルーの姿は、「復帰」後の時空が沖縄にとってどのようなものになるのかを予見していますし、高嶺の深い失墜感のエンブレムとして読むことも可能です。そして「日本復帰」による夢の失墜を、自爆によって防衛しようとしたエンディングに、高嶺の時代認識が鮮やかに提示されているように思えます。自爆によってしか守れなかったもの、それは沖縄の自立への夢であり、自由の新たな空間であった、と断言してもよいでしょう。

　私たちは、眼差され、撮られ、語られる対象でしかなかった沖縄が、白らの眼と声を奪還し、自立的な表現世界を創発していく運動性を高嶺の映画を通して経験させられるのです。高嶺の実践は、沖縄の映像を「邦画」とか「日本映画」の円環から解き放ち、オルタナティブな表現空間を出現させてみせる、これまでにない言語と身体と風景の地平を切り開いていったということです。まさに高嶺剛という存在は、「日本映画」という括りには収まらない、沖縄の自立的表現の文体を映画によって実践していった作家・監督であったと言えます。もちろん高嶺映画の特徴は、この四点で括れるわけではないことはあえて断るまでもありません。

では、いま紹介した四つの特徴を頭に入れながら、八九年に製作された『ウンタマギルー』のオープニングのところを観ていただきたいと思います。

《映像流れる》……

映画「ウンタマギルー」冒頭の一シーン（©1989 PARCO）

映画「ウンタマギルー」冒頭のシーン

本作品は、全体が沖縄言葉で展開するが、ここでは標準的な日本語で表記して紹介。場面は、露天の散髪屋・バーバーテルリンの庭先から始まる。

シーン1　露天散髪屋・バーバーテルリン

家の庭先で散髪屋が営まれている。散髪屋の主人のテルリンが、村の仲間のチョンチョン、マサー、セイトク、ギター男、ドラム男らと共に楽器片手にワタブーショー（琉球歌謡漫談）を始める。それを子どもなど数人の見物人が楽しんでいる。

テルリン　「ワタブーショー!!」

テルリンの歌　「ドルは世界に通用するお金だったけど
今では値打ちも下がってしまったよ
日本復帰はドルドルドン
聖徳太子（旧一万円札）は尻をまくり
腹を出しドルドルドン」

テルリン　「現れたるのは、散髪屋のテルリン。一日中散髪しているうちに、頭の中まで見えるようになったのさ。ああ、懐かしや軍作業時代」

テルリンの歌　「長男は炊事班長
次男は米軍売店勤務
母は闇ドル換え屋
金も貯まっていいあんばいさ
今こそ我々は生き返る思いさ」

テルリン　「さあ皆さん、自由主義を召し上がって下さい。甘党は甘いものを、辛党は辛いものをどうぞ。セイトク、チョンチョン、マサー。お前たちはどうだい？」

セイトク・マサー・チョンチョン（三人コーラスで）「俺はー、俺はー、俺はー、ひもじいよー」

テルリンの歌　「ひもじかったから泥棒した
泥棒したら捕まって
捕まったら警察行きさ

警察行きゃ牢屋の中に放り込まれて
食い物にありつけたのさ
何が何やらよくわからん
どうなっているのかよくわからん」

セイトク　「今度の高等弁務官は、どのようなお方だ？」

チョンチョン　「大変ムッツリでいらっしゃるそうだ」

テルリンの歌　「カマジサーが来るぞ
ムッツリして来るぞ
あれは高等弁務官
カマジサー、カマジサー

歌の途中で場面は変わる。

シーン2　あるホテルの玄関

米軍のジープの先導で、大型の外車が玄関前に止まる。玄関には「めんそーれ（歓迎）カマジサー高等弁務官」の横断幕があり、米兵や琉球政府の首脳陣らが出迎えている。運転手兼下僕のレンキンが後部座席のドアを開けると、カマジサー高等弁務官が年老いた犬を小脇に抱えて出てくる。カマジサー、出迎えの人々と握手をして奥へと向かう。

シーン3　バーバーテルリンに戻って

散髪椅子に座ったテルリン、一本弦の三線（蛇味線）を弾きながら、

テルリンの歌　「これから世の中は変わっていくよ
どうなるんでしょうかね
あなたも私も冷たい人になっていくのさ
ああたいへんだ　大事だよ」

※映画「ウンタマギルー」パンフレットより（発行・株式会社パルコ、一九八一年一〇月）

ご覧いただいたのは、『ウンタマギルー』の最初のシーンですが、演じられているのは照屋林助と彼の仲間たちによる「ワタブーショー」といわれた、いわゆる琉球漫談です。中国の時代からヤマトの時代、ヤマトの時代からアメリカの時代へと、めまぐるしく変ってきた沖縄を振り返りつつ、アメリカ世からヤマト世に、いわば世替わりによって沖縄がどのようになっていくのかを風刺のエッジを利かせながら歌い上げた内容になっています。この琉球漫談は、映画のなかでは物語展開の節目節目で、狂言回しの役割を果しています。すでにお気づきのこととは思いますが、この「ワタブーショー」の歌と語りはすべて沖縄の言語によってなされます。日本語の字幕なしには理解し得ない世界があることを観る者はまざまざと体験させせられるはずです。言葉だけではない、風景を刻んでいくリズムや身体表現もどこかが違うという思いを抱かされるのではないでしょうか。そして観る者は自問することになるでしょう。ここでこうして観ている映画ははたしてどこの映画に分類すればよいのか、これは日本映画なのだろうか、それとも独立した琉球映画なのか、と。これまで沖縄に自分の都合のよい自己像を投影し、理解可能な沖縄イメージに安住してきた姿勢をゆさぶり、不安にさせる異貌のオキナワの出現を目のあたりにさせられるはずです。つまり当たり前だと思っている前提が攪拌される、そのような体験に引き入れられるのではないでしょうか。

先ほどの大門さんのコメントにもありましたように、「どのことばで語るのか」という問題を改めて考えさせられることになるはずです。この「どのことばで語るのか」という問題は、これから沖縄戦の体験証言のあり方めぐって改めて考えてみたいと思っていますが、沖縄で表現することの核心にかかわる、きわめて重要な意味をもっているように思えてきます。

声と語りのオーラルな力

次に、写真家の比嘉豊光《ひがとよみつ》さんと村山友江さんが中心になって、沖縄の島々の言語によって戦争体験を語ってもらい、それを記録している「琉球弧を記録する会」(2)の取り組みについて考えてみたいと思います。この活動は、高嶺剛の映画と、とくに表現にとっての言語の重要性に目を向けさせたと言う意味でつながっているものがあり、これまでの沖縄戦の証言のあり方を根本から問い直していく試みもなっています。では「琉球弧を記録する会」が作った『島クトゥバで語る戦世』の一部を観ていただきたいと思います。

《映像流れる》………

(2)「琉球弧を記録する会」は、悲惨な沖縄戦を生き抜いてきた人々の体験を沖縄独自の言葉(島クトゥバ)で語ってもらい、それを映像で記録し、地域へ還元することによってその保存・継承を図ることを目的として、一九九七年に故・比嘉康雄、村山友江とともに比嘉豊光によって設立された。その成果は『島クトゥバで語る戦世』や宮古狩俣の祭祀記録『ナナムイ』としてまとめられ、証言者の地域をはじめ沖縄県内にとどまらず全国で上映会を展開している。『島クトゥバで語る戦世』

沖縄戦での体験を沖縄の言語で語る、ただそれだけの、当たり前のように思えることがなぜこれほどまでのインパクトをもったのでしょうか。二つのことがいえます。一つは、体験者が日常的に使っていた島々のことばでの語りが、標準日本語では成しえなかった出来事のディテールを内側から蘇えらせたことです。それまでの証言は日本語によってなされるか、証言段階では沖縄の言語ではあったとしても文字記録として公にするときは、日本語に置き直おされてきました。つまり翻訳という行為が介在させられ、そのことが語りと声のリアリティを失わせるとはいえないまでも、体験のリアリティを希薄化させてきたということは否めないところがあります。オーラルな声の力とその声によって証言される出来事にとって、言語の占める重要性について改めて気づかせてくれた。繰り返すようですが、「どのことばで語るのか」という核心的な問題を、沖縄戦の証言を通して提示していったのです。

いまひとつは、沖縄の言語に加えられた〈文化的暴力〉の所在を明らかにしたことである。このことを理解していくためには、少し迂回することになるかもしれませんが、沖縄の言語と沖縄という主体が辿らされてきた歴史的背景について振り返ってみる必要があります。沖縄は幕藩体制下の薩摩藩と中国を中心とした東アジアの朝貢システムのネットワークのなかで独立した政治体を形成していましたが、その政治体は一八七九年に明治国家に併合され解体されます。いわゆる「琉球処分」ですね。この「琉球処分」という名の併合は、帝国化していく日本のアジア地域への植民地主義的な侵

は、一〇〇〇人を目標にして、証言者を逐次加えながら活動を継続している。

歴博第6室まで公開されている『島クトゥバで語る戦世』の映像の一コマ。

略の起点となったトピックでもあるという側面をもっていました。

来年（二〇一〇年）は韓国併合一〇〇年にあたりますが、そこに至るはじまりとなったのが「琉球処分」であったわけです。琉球併合を起点にして台湾領有、そして韓国併合を経て帝国としての日本は、中国や東南アジアへと自民族中心的な夢魔を投影しつつ膨張していったことは改めて確認するまでもない歴史的な事実です。「琉球処分」以後、沖縄においては力を背景に、皇民化政策や同化政策が実施され、沖縄での実験がアジアの植民地的支配のモデルケースにもなっていきます。つまり、こういうことです。沖縄の言語と主体は忌避されるべきものとして退けられ、日本語と日本人へ同化させていくことが強要されていきます。こうした固有語としての琉球諸語と沖縄人という主体の同化主義的組み替えは、沖縄の文化に対する、いわば文化的な暴力として捉え返してみても間違いではないはずです。

その極限的な現れが沖縄戦であった。ここでの「極限」という言い方には二重の意味が込められています。つまり沖縄と沖縄人が日本と日本人への同化を自ら進んで内面化したということと、日本軍の沖縄住民観に構造化された植民地主義的な視線です。その視線の象徴的な事例は、「沖縄語を使った者はスパイとみなす」という軍命であることは指摘するまでもないでしょう。この軍命から明らかになってくるのは、沖縄の言語は、日本のなかで話されているあれこれの「方言」のひとつという、言語内言語ではなく、異語としてみなされ、その異語を話す人たちへの猜疑と蔑視であり、軍命に構造化されているのは、台湾や朝鮮、南洋群島で吹き荒れた一つの言語による他のいくつもの言語への言語植民地主義的な〈ことば喰い〉の倒錯的現象と捉えるほうがより真実に近いはずです。沖縄の近現代を貫いて言葉に加えられた外的、内的暴力は、日本がアジア世界に書き込んだ言語植民地を写す鏡とみなしても間違いにはならないはずです。言い換えますと、沖縄の境界という場所性の問題であり、沖縄の位置は日本の内と外の結び目の役割を果たしてきたということが見えてくるのではないでしょうか。さまざまな意味で、つまり、政治的にも文化的にも沖縄は日本からみたアジアとの〈境界〉である。と同時に、アジアからみた日本との〈境界〉でもある、という二重の意味が付帯されているのに気づかされます。〈境界〉は諸限界の表象であり、また出会いと発展の表象でもあるとするならば、その二重性にこそ沖縄の可能性は書き込まれなければならないでしょう。沖縄の経験はこのことを教えています。

『島クトゥバで語る戦世』は、封印された日本による文化的暴力を開示しただけではなく、声の力を発見し直させてくれました。文字ではできない声のディスクールとでもいったほうがよい力、固有語としての沖縄の言語の力。高嶺剛の映画によって開拓された沖縄の自立的表現は『島クトゥバで語る戦世』によってより裾野を広げていくことになった。この二つの映像の実践からは、沖縄という場、〈境界〉としての沖縄から立ち上げられたゆるぎない眼と声の思想があり、日本の戦後の〈外〉を穿つ、〈アジア的身体〉へとつながっていく文体があるはずです。

最後に確認しておきたいことがあります。「戦後日本の大衆文化」という場合の、「戦後日本」という内実をどう捉えるかという問題です。「戦後」という概念は、沖縄の視点から見た場合カッコに括らざるを得ない。つまり「戦後日本の」というときの、〈の〉という内部に包摂されるわけではないということです。沖縄と日本は同じ一つの戦後概念で同一に論じることなどできない、ということはもはや明らかです。このことは、日本はアメリカが沖縄を長期にわたって占領し続けることを希望するという趣旨の、天皇が側近を介してマッカーサーに宛てた一九四七年の「天皇メッセージ」を原像にして、五一年に締結され、翌五二年に発効したサンフランシスコ講和条約によって占領状態から脱した日本が沖縄をアメリカのむき出しの占領にゆだね、その後の「民主化」と経済成長を遂げた、日本と沖縄の非対称性からも明らかなことは言うまでもありません。この日本と沖縄の非対称的な関係性は、安田常雄さんや基調講演をされた荒川章二さんの言う問題意識と交差するところです。もっと言えば、沖縄の戦後は日本の戦後の外部にあった、その外部を外部たらしめたのは、高嶺剛の映画や「琉球弧を記録する会」のドキュメンタリーが自力で開拓した表現の〈政治性〉ではけっしてなく、天皇制や国体護持に内在化された排外的自己中心主義の構造にあったということです。この場合の〈外〉は排除されたもので、あくまでも閉ざされた〈内〉の対概念の範囲を出るものではありません。高嶺や「琉球弧を記録する会」が創出した〈外〉は開かれたもので、この開かれた〈外〉においてはじめてアジアと出会えることが可能となってくるのです。いわば高嶺と「琉球弧を記録する会」がやったことは、諸現象の限界の表象であり、同時に出会いと発展の表象でもある〈境界〉の二重性の重層的な決定だといえます。沖縄は日本国憲法の及ばないアメリカの継続する占領に曝された例外域であり、そのことは七二年に施政権がアメリカから日本に返還された後も、変ったわけではありません。いや、施政権の返還それ自体が沖縄の継続する占領を構造化した日米の合作だったのです。沖縄のひとたちが七二年の「日本復帰」を「第三の琉球処分」ととらえた歴史認識には、そのような日本とアメリカの共犯性を鋭く見抜いていたからです。

『敗北を抱きしめて』の著者ジョン・ダワーも指摘するように、東アジアには二つの戦後があると言えます。まがりなりにも戦後初期アメリカのニューディーラーたちの夢が託された、日本国憲法に象徴化されるように「民主化」とその後の「経済成長」を遂げた「日本型」と、その「日本型」の疎外態とも言える、独裁政権とアメリカの軍事を優先とした「韓国・沖縄型」です。台湾もアメリカ軍が撤退するまでの期間は、このタイプに入れても間違いにはならないでしょう。この東アジアに出現した偏差から見えてくることは、植民地主義や侵略の記憶を忘却し、大衆社会を実現した日本の「戦後」の私小説的性格です。日本の「成熟と喪失」とは、明るく、だが、閉ざされた戦後空間でのきわめて私小説的な心の現象だったと見做すことができます。沖縄の戦後史の文脈からすれば、「天皇メッセージ」や「サンフランシスコ講和条約」によって生き延びた、日本の戦後のドメスティックな排外性は明らかです。アメリカのヘゲモニーによって構築された〈冷戦〉の覆いで花開いた日本の大衆社会は、その外に沖縄や韓国、そしてその背後のアジア地域に「終わらない植民地」の傷痕を封印し忘却してきた。高嶺剛の映画や「琉球弧を記録する会」が作ったドキュメントには、日本〈の〉という囲いには回収できない世界があることを現前化した、そのような映像言語であったと言うことを締めのことばとして、私の報告を終らせていただきます。

パネルディスカッション

パネラー　荒川章二
大門正克
竹中和雄
仲里　効

司　会　安田常雄

安田　それでは時間が限られていますが、パネルディスカッションを始めさせていただきたいと思います。今日の荒川さんの報告、三人の方のコメントを含めて会場からいくつか質問も来ておりますので、簡単にお答えできることはお答えしながらすすめていきたいと思います。

今日は、特に荒川さんの報告で、今回の歴博展示の持っている意味をかなり総体的に提起をしていただきました。現代史展示の特色と今後の課題、さらにそこから現代史研究へのいくつかの課題が出されておりますので、その辺に絞って進めさせていただければと思います。

ではまず、ご質問のほうからいきたいと思うのですけひとつは、竹中さんあるいはほかの講師の方でもと書いてありますが、敗戦後、戦時中の教師としての振る舞いを反省して生徒や学生の前で謝罪した教師というのは、まったく存在しなかったのでしょうか。もしそういう教師の方がいれば簡単にご紹介いただきたいということでございます。

竹中　私は東京の府立の旧制中学でした。少なくともわれわれに明快に戦前と戦後の違いについて説明してくれた先生は一人もいらっしゃいません。ただし、その時教職をお辞めになられた先生はおられます。

客席　生徒たちは殴り返さなかったのですか。

竹中　まだ一五、六歳の少年です。そこまではいきませんでした。しかし心に深く何かが残りました。殴り返す以上のものをもらいました。

安田　ありがとうございました。もうひとつ同じ方からのご質問だと思いますが、広さと深さにおいて戦前よりは規模が小さかったとしても、戦前期にも大衆文化は存在していたはずです。映画、雑誌、演芸、ラジオ、マンガ等々。それら戦前期のものは戦後へどのように継承されていったのか、あるいは断絶があったのか、簡単な見取り図を示していただければということでございます。

これは私がいわないといけないのかな。

たしかにご指摘の通りだと思います。先ほどまさに大衆社会と申し上げましたが、すでにその萌芽は一九二〇年代にあります。簡単に申し上げれば昭和初年のエログロナンセンスといわれる時代をある意味ではピークにして、二〇年代には、映画もそうですけれども、さまざまな大衆文化が花開きます。

たぶん都市を中心にしてだと思います。それがおそらく戦時下に入って一面では潰されていく、一面では戦争のために協力をしていくというかたちをとると思います。ここでは個々の細かい点についてはあまり申し上げられませんけれども、その二重性というのでしょうか、もちろん徹底的に軍国主義に対抗するというものであれば、潰されたりするわけですけれども、さまざまにかたちを変えて巧妙に戦時体制に対して抵抗をするというような事例も一方ではあったと思います。戦争中の経験、大衆文化研究そのものが現在まだ十分に展開していないので、なかなか分からないのですけれども、その両面が戦後の大衆文化の中にどのようにつながっていくのか、という問題はあると思います。私が以前、『人民の歴史学』というところで書いた文章もございますので、もしご関心があればご覧いただければと思います。*

もうひとつ私が感じているのは、大衆文化というのは、それ自体として政治的なものではありません。ある種の技術といいますか、技能というのをかなり強く含んでいるので、世の中が軍国主義であろうが、民主主義であろうが、それをすらっと突き抜けていく側面があります。そういう意味で言えば歌謡曲の作詞家、作曲家の中にも、戦争中は軍国歌謡や国民歌謡といったものを作り、戦後になっては、まさに民主主義によっていきます。そのことが思想や論理といった次元では、かなりうるさくいわれるわけですけれども、

---

*安田常雄「戦争とメディア・序論」(『人民の歴史学』一六一)二〇〇四年。

それがそのままなだらかに移行していくという問題が大衆文化にはつきまとっている。かなり根元的な問題であり、その問題を単なる政治の視点だけで切れるかという問題です。これは送り手、作っていく側の問題です。

それに対して受け手の側がいるわけです。両方をきちんと見なければいけません。だから戦争中でも、いわば軍国歌謡が大量に作られる一方、「湖畔の宿」という唄が大ヒットします。庶民の側からすると、その唄を換骨奪胎するわけですね。替え歌文化というのはそれだと思うのです。「湖畔の宿」は「きのう召されたタコ八が／たまにあたって名誉の戦死／骨がないのでかえらない／タコの親たちゃかわいそう」と替歌にうたわれます。また「見よ東海の空明けて」という「愛国行進曲」は「見よ東条のはげ頭／旭日高く輝けば／天地にぴかりと反射する／ハエがとまればつるとすべる」と歌われます。このように絶えず時代の象徴のようなかたちで作られる文化は、庶民が受け止める時にずらされて意味が変えられ、媒介を通して広がっていくわけです。つまりこのような作り手とそれを受け止める受け手の両面を考えて戦後への継承と断絶を考えていく必要があるのだろうという気がしているところです。

もう一人別の方の質問でございますけれども、これはたぶん荒川さんにかかわっていると思うのですが、戦後を取り上げる時に、戦前の軍国主義的天

皇制というものは、どのようであったかが明確にされなければ、戦後は単なる時間の経過でしかなく、大衆文化も表層的なものでしかなくなってしまうのではという点であります。

荒川　これは展示にかかわってということでしょうか。いわれていることはおっしゃる通りだと思います。戦前の軍国主義の構造や天皇制国家の仕組み、その中での天皇の役割が明確にされないと、戦後政治において何がどう変わったのか、象徴天皇制への転換によって戦前の天皇制国家とどこが変わったのかということは当然見えてこないのではないかと思います。今回の歴博現代展示で、そのような観点から歴史的転換の意味を考えさせてくれる国家構造や天皇制の展示のところがよく出ているかという点でいえば、私が見る限りにおいてはまだ的確に表現できていないと思います。

もちろん、アジア太平洋戦争に行き着いた過程については、今回の作業でかなりクリアになってきたと考えています。日本帝国の広がり、兵士のつくられ方、銃後の生活や戦場の様相などの部分です。

しかし、その歴史過程における天皇制、あるいは天皇が果たしてきた役割については、現在の歴史学は、天皇の政治的役割を含めてかなりの程度まで明らかにしていますが、そこのところまで踏み込んだ内容を含めて展示が構

成されているかといえば、まだまだ課題は残っているだろうと思います。

安田　ありがとうございました。同じ方だろうと思いますが、大衆文化ということで、映画などが今回取り上げられているわけですが、歌謡曲やマンガを含めて戦後の日本人に与えた思想的な影響はたいへん大きなものがあると思われます。これはなぜ取り上げられなかったんでしょうか。そういう意味では歌謡曲の問題ですね。

これは私がお答えしなければいけないのですが、マンガについてはその後のいわゆるコミックといわれているマンガとは違うもうひとつ前の世代のマンガについてはかなり取り上げてあります。今回ちょっとご紹介できなかったかもしれません。たとえば基地反対闘争で使っているのは、当時『毎日新聞』に連載されていた加藤芳郎さんの「まっぴらくん」です。戦後直後の「ブロンディ」というマンガ、これはその後「サザエさん」に変わっていくのですが、いわゆる戦後直後のアメリカニゼーションの、ある種のシンボルです。高度成長期はいくつか点のようなかたちで、取り上げてはいます。

もうひとつ歌謡曲については、私は個人的にはかなりやりたかったのですが、若干取り上げております。若干というのは、先ほどご紹介したタッチパネルで、映画の映像が入りますが、その映像の全体のイントロで、それぞれの時代における代表的な流行歌がメロディとして流れるようにはなっています。「異国の丘」といった曲が何曲かは入っています。これらを取り上げることの是非ということではなく、むしろ技術的な問題として、今回そういうかたちでしか入れることができなかったという状況でございます。

もうひとつは若干抽象的な質問でもあるのですが、展示によって次の二点がどのように展示されているかということで、ひとつは国家という総体と個人の違い、個人そのものが全体の中でどのように位置づけられるのかということになるだろうと思います。もうひとつは虚構というものと実体との違いということです。これだけしか書いていないので、具体的にどういうことをお考えになっているか分からないところもあるのですが、たとえば、歴史学の中ではここ二〇年ぐらいいわゆる民衆史研究という名前であったり、あるいは生活史研究もそうですが、具体的に生活している個人に焦点をあてて、個人の歩んだ歩みや活動をかなり克明に復元する、いってみれば経験を復元する、それが大きく社会や国家みたいなものとどのようにつながっているのか、これは絶えず民衆史研究にはいつも出されている問題でもあります。そういった一般論も含めてで結構なのですが、大門さん、あるいは荒川さんあたりからお話しいただけますか。

大門　ではお答えできる範囲で。国家と個人ということでいえば、戦後の『暮らしの手帖』で一九五二、三年ぐらいから六七、八年ぐらいにかけて、毎号にわたってさまざまな個人や家族を取り上げた「ある日本人の肖像」という企画がありました。写真と文で構成した非常に優れた企画です。安田さんがそれを展示の中に使おうということで、この企画から選定した個人や家族が展示されるはずです。それを見ているだけでも、さまざまな状況におかれた個人がいるということと、五つの視点が重なり合い、見ている側の人に想像力を喚起させる、問いを投げかけるものになっている。国家と個人のかかわりが一様ではないということを含め、あらためて個人の側から国家の問題や人びとがかかえた戦後の問題を考えることができると思います。

　虚構と実体については一例をあげで説明します。「戦後の生活革命」の展示コーナーで、団地の再現があります。ぼくは今回の現代展示は、大衆文化のコーナーの五つの視点を重ねるだけではなく、戦後の生活革命のコーナーもぜひ五つの視点と重ねてみていただきたいと思っています。いまふうの言葉で言えば、コラボレーションさせるというか、シンクロさせるというのでしょうか。そのように見ていただけると、とてもいいのではないかと思います。たとえば団地の再現からは、直接は指示をしていませんけれども、団地の子どもの生活の様子を思い浮かべることもできます。そこからは実体とし

ての生活が浮かび上がってくるわけです。他方で、大衆文化のコーナーには、コミックやＣＭの中の子どもなど、子どもを表象した世界が展示されています。実体としての子どもと、イメージや映像、ＣＭの中に映し出された子どもの二つを重ねてみた時に、重なりやずれが見えてくることが必ずあると思いますので、そこのあたりも現代展示の見方のおすすめポイントです。展示順にしたがって展示を見るだけでなく、行きつ戻りつしながら展示を見ていただけると虚構と実体についてもいろいろ考えるヒントが得られるのではないかと思います。

安田　ほぼ時間がギリギリになってまいりました。会場からのご質問につきましては、おおむね答えていただいたということになります。最後になりますが、今回のフォーラム全体は、三月一六日にオープンする歴博現代展示がどういうねらいで作られていて、こういうところを見てほしいというようなお話をし、それに対して皆さんがどのように受け止めていただけるであろうかということをめぐりながらご意見をうかがう会として企画したわけでありまして、本日登壇いただいた報告者の方、コメンテーターの方、全員の方に最後に一言ずついただければと思います。ひとつはそれぞれご自身のイメージの中にある戦後日本ですね。それについては先ほど仲里さんから戦後日本の概念そのもののもっているある限界性、これはとても重要な論点だと思います。その問題提起もふまえた上で、歴博現代展示に対してご要望、ご感想などがあればと考えております。時間があればもう少し詰めてやりたかったのですが、荒川さんが報告で触れられた歴博現代展示の特色の四点、それから今後の歴博現代展示の課題、これは現代史研究に対する課題だと思いますが、そこにある七点について、今日きていただいているコメンテーターの方にかなりご専門の方もおられますので、もし触れられるようならば、その辺の論点も含めたかたちで結構ですので、一言ずつ最後にご発言をいただければと思います。たいへん申し訳ないのですが、時間は二分程度ずつということでお願いをしたいと思います。では、仲里さんからお願いいたします。

仲里　私にとっての戦後のイメージですが、報告の中でも高嶺剛の映画について触れましたが、アメリカ施政権下での沖縄の戦後世代の体験に注目してみました。私は高嶺とは一歳違いでほぼ同じような体験をしたと思っています。アメリカの影と日本への幻想の狭間で幼少年期を過ごしてきたということです。先ほどの展示説明の中で、コマーシャルについて紹介していましたが、ひとつのコピーが目に止まりました。あれはたしか開高健が手がけたキャッチコピーだと記憶していますが「トリスを飲んでハワイへ行こう」というの

がありましたね。このコマーシャルは戦後日本が消費社会へ突入し、当時の大衆の欲望や憧れと見事にシンクロしているように思えます。翻って、では、沖縄ではどうだったかということを考えさせられました。アメリカ占領下の沖縄では高度成長を遂げつつある日本は憧れの対象として欲望され、その欲望は「日本復帰運動」によってより増幅されていきます。私たち沖縄の子らは沖縄の先生たちによって熱心な日本人教育で身も心も、まさに「白地に赤く」日本色に染め抜かれていました。コリゲート歯磨きのコマーシャルがありました。そのキャッチコピーがまた振るっていたのです。何と「コリゲートを買って富士山を見に行こう」なんです。サントリーのコマーシャルが消費社会化した日本の大衆の欲望を見事に引き出したとすれば、コリゲート歯磨きはアメリカ占領下の沖縄の民衆の欲望が何であったのかを読みきっていたということでしょうか。同じ欲望でも随分違うもんですね。「ハワイ」と「富士山」、そして「ウィスキー」と「歯磨き」、この違いはまさに日本と沖縄の戦後の違いだと言えます。私たち沖縄の団塊の世代は、「白地に赤く」染め抜かれた日本と富士山に煽られてニッポンへきたものの、ずいぶんだまされました。日本と出会い損ねたわけです。振り返ってみて、この二つのコマーシャルはまた、ジョン・ダワーも的確に指摘したように、日本と沖縄の異なる二つの戦後、冷戦構造下での東アジアにおける「日本型」と「沖縄・韓国型」の、二つの戦後の否みようもない違いを認識させます。

竹中　先ほど、なぜ殴り返さなかったのかといわれて一言もありませんでしたが、強いて何を思ったのかというと、声高く断定的にものをいう人が信用できないということ。今ふうにはリテラシーというのでしょうか。先に安田先生が複雑な時代と総括されましたが、変転する情況に殴り返すより、いったん距離をとって相対化してみる己れの器量が問われているように思のです。

大門　なんというのでしょうか。枠組みというか、戦後をどのように考えるかということでいえば、仲里さんがおっしゃるのと同じように考えよう、考えたいと思っています。東アジアの中に二つの戦後があったと。安田さんに問われてあらためて考えてみたのですが、戦後というのは単に学問的な認識の枠組みとしてだけではなく、私にとって常に問い直すべきものとしてあります。自分自身の歩みや戦後の人びとの歩みも含めてつねに問い直すべきものとして存在しているのが戦後です。東アジアの中の二つの戦後は分断であると同時に複雑でさまざまな関係の中におかれています。そこのところはていねいに読み解いていきたい。自分自身の歩みも含めて読み解いていきたいと思っています。その際に今日あらためて学ぶことができたのは、表現の問題というのは、一人ひとりの存立にかかわる、欠かせない問題だということです。現代展示には表現にかかわるものがたくさんあります。現代展示を通じて皆さんにも考えるきっかけがたくさんあるのではないかと思っています。

荒川　どのようにお答えしたらいいか、大きな質問でちょっと困っているのですが、私のレジュメに記載した私自身の『豊かさへの渇望』という本がありです。一九五五年ぐらいから以後半世紀にわたる日本の戦後史をまとめたものです。この本の執筆時の最初に考えていたことと、安田さんが提起された戦後日本の概念の限界性という問題に重ねてみますと、執筆時にまず考えていたのが、複雑な戦後社会というか、さまざまベクトル、多様な利害を背景とした営為から成り立つような戦後日本、そこに沖縄を含む各地域でのさまざまな戦後を編み込んだ歴史像、つまり個人や集団としてさまざまであると同時に、地域ごとの多様なあゆみを組み込んだ戦後像でした。そして、この枠にさらに、その戦後像の外側にあるアジア、日本と密接な関連をもっている戦後アジアを組み込みながら戦後史を描けないかということでした。結局は果たせなかったのですが、いつかチャンスがあったらもう一度チャレンジしたいと思っています。戦後日本社会がその内部に持っていた多様性とそこから見えるかもしれない可能性を引き出すこと、そしてもっぱらアメリカとの関係を主軸に語られてきた外部との関係史の再構築です。後者の関係で重視しているのは、特にかつての植民地や支配地域としてかかわったアジアです。そのような戦後歴史像の再構築は、単なる過去の問題ではなく、今後の日本をどう構想するのかという問題に深く関わっている事柄として考えています。

もうひとつは「戦後」ということですけれども、本来「戦後」が戦争の原因や結果と本気で向き合うべき時代、戦争への過程とその中で生じた自分たちの歴史的責任と向き合って初めて「戦後」ということがいえるとすれば、ドイツの場合は「戦後」を曲がりなりにも経過してきたのだろうと思います。ナチス時代のユダヤ人への迫害、そのほかの民族・集団への迫害の問題を含め、戦争のさなかに行ったことと真剣に向き合ってきた。そういう時間というのが「戦後」という時間であり空間の特徴であったりすると、日本には「戦後」はあったのか、という問題も出てくるような気もします。「戦後」であることを避けてきた戦後、時間的経過においては戦後、まさに戦争が終わった後という意味で戦後だったのだけれども、内実において「戦後」だったのかというところの問題があるのではないかと思います。

もちろんそのように決めつけてしまうだけでは何も始まらないので、先ほどの多様性の話に戻りますが、さまざまに「戦後」を問う営みというのはあったわけで、それをていねいに起こし積み上げていく作業が不可欠だと思いま

す。しかしながら、大きな枠としては、「戦後」という内実をもったのかという問いかけをふまえつつ日本戦後史を考えつづけることが必要なのかなという気がしています。

安田　ありがとうございました。もうほとんど時間がなくなりましたが、特にまとめということはいたしません。今回は現代展示をオープンするにあたってのプレ企画ということでございますが、できればオープン後もしかるべき機会にさまざまな問題についてのご意見をうかがう、あるいは意見交換をするような機会を見つけていければというようにも考えております。

最後に簡単なご報告も含めてお話しさせて頂きたいと思うのですが、今回この企画を進めていく中で、実にたくさんの方にお世話になりました。そのひとりでございますが、今日もお話に出ていた「ゴジラ一九八四年版」というのが、もうすでに展示室に入っております。これを作っていただいたのは、東宝映像美術というところにおられる小林知己さんという方ですが、小林さんは一二月一一日に残念ながらお亡くなりになりました。彼は団塊の世代です。一九八四年版の時に助手でした。それからいわゆる平成ゴジラシリーズといわれるようになった「ゴジラvsビオランテ」以後「vsデストロイヤー」までの造形を全部担当された方です。私は、個人的にはいろいろなつきあいがあり、思い出があって痛恨の思いをしているということで、哀悼の意を捧げさせて頂ければと思っております。そういう意味で歴博に展示されるゴジラは、小林さんの遺作ということになってしまいました。そんなことも頭の片隅においてご覧いただければと思っております。

さまざまな論点が出されました。今後いろいろなかたちで深めていきたい論点がたくさんあるのですが、本日はギリギリの時間でございますので、これで締めさせて頂きたいと思います。最後でございますが、今日の報告者の方、そしてコメンテータの皆さんに拍手をお願いしたいと思います。

付録

さまざまな「戦後」を歩く

―ギャラリー・トーク風に―

安田常雄

ここから第六展示室「現代」の最後のコーナーに入ります。ここまでは、戦前の戦争の時代、戦後の占領の時代、そして高度経済成長の時代と、ほぼ時間の流れを追った時系列で、それぞれの時代の特徴を描き出してきました。時間的にいうと、一九七〇年代後半から八〇年代前半ぐらいまで来ました。

さてここから始まる「大衆文化から見た戦後日本のイメージ」のコーナーは、これまでの時系列の展示をふまえて、あらためていわゆる「戦後日本とはなにか」というテーマにしぼって、その意味を考えたいと思います。時間の幅は敗戦後から一九七〇年代後半ぐらいまでを想定しています。ではなぜ七〇年代なのか。これは現在、歴史の学会などではほぼ共通の認識になりつつあると思うのですが、一九七〇年代がひとつの大きな曲り角になったのではないかと考えているからです。たとえば、一九七二年の日中共同声明（七八年の日中平和友好条約調印）、同年の沖縄の施政権返還、七三年のオイルショック（七九年の第二次オイルショック）などがありました。論者の視角によって異なるのですが、一九七〇年代のどこかで時代は大きく転回した。この点については共通していると思います。いいかえれば、一九七〇年代のどこかで「戦後日本」は終ったのではないか。もちろんそれ以後も、たとえばアジアとの戦後責任や戦後補償など「終らない戦後」の問題は残るのですが、基本的な転換点であったといえるでしょう。

その意味で、ここでは敗戦後から七〇年代を「戦後日本」と捉え、五つの視角からその多角的な意味を考えてみることにしました。その五つとは「喪失と転向としての戦後」「冷戦としての戦後」「民主主義としての戦後」「中流階級化としての戦後」「忘却としての戦後」です。この五つの視角の設定については、本書の「趣旨説明」を参照してください。もう一つは、その「戦後日本」を政治・経済・社会などという切口ではなく、なぜ「大衆文化」を基本的な視点とするかという点についてです。これは一つには、歴博の展示の基本コンセプトが生活史と文化を軸に日本の歴史を展示するという点にあるからなのですが、第二には、戦後日本は高度成長をへて「大衆社会化」が進展し、メディアを中心にした「大衆文化」が単なる娯楽や余暇というだけではなく、そこで生産されたイメージや表象が、私たちの生活を強力に引っぱっていく牽引力となっていくからです。その意味で「大衆文化」は、幾重にも媒介された意味で、「政治」的意味をもっていくことになります。それは「大衆文化」のポリティックス（politics）とよぶことができるでしょう。いいかえれば「大衆文化」のイメージは、こうした「政治性」を含みながら、それぞれの時代において私たちの夢やあこがれ、失意や絶望を表現する機能をはたし、生活の不可欠な一部となってきたからと思われます。その意味で人びとの暮らしのなかに生きている大衆文化は、こうした戦後の日本人の多様な姿を映す鏡となります。

それでは、そうした視点から、「戦後日本」という世界を歩いてみることにしましょう。

(1) 喪失と転向としての戦後

戦後日本の出発の場所におかれているのは、喪失と転向という経験であったと思われます。喪失とは、敗戦によって自覚された国家（大日本帝国）の解体とそのなかを生きてきた自分の崩壊という経験を指しています。映画「浮雲」はかつて東南アジアの占領地ですごした記憶だけを頼りに、喪失のままに戦後を生きる物語です。また戦後の出発は、軍服の天皇から背広の天皇への転向に対応するように、多くの人々は軍国主義から民主主義へとなだれを打って転向していきました。

[展示資料] 1 映画「浮雲」セット「ゆき子の部屋」再現

映画「浮雲」セットとの出会いは、ある小さな新聞記事でした（『朝日新聞』二〇〇五年一〇月一四日付）。この年は成瀬巳喜男生誕一〇〇年の年で、成瀬映画の再評価が行なわれていました。この記事は国立近代美術館フィルムセンター（東京・京橋）で「浮雲」セットが復元公開されたことを報じ、展示以後「廃棄」の話も出ていると書かれていました。日本映画・テレビ美術監督協会理事で美術監督の星埜恵子さんに連絡をとったのは、その直後のことだったと記憶しています。それは映画「浮雲」が成瀬映画の最高傑作であるばかりでなく、この「浮雲」セットで表現された深い「寂寥《せきりょう》感」こそ「戦後日本」の出発の場所におかれているという直観があったからかも知れません。そこから星埜恵子さんの全面的協力をえて、作業は始まりました。

こうしてこの映画セットは、「戦後日本」の歴史的意味を問うコーナーの冒頭におかれることになりました。これは一九五五年（昭和三〇）に製作された成瀬巳喜男監督による映画「浮雲」（東宝）で使われたセットの再現です。美術は故・中古智氏が担当しました。高峰秀子が演ずるゆき子が住む三畳一間、粗末な板壁とちゃぶ台がおかれています。当時、美術の助手であった竹中和雄氏が自宅に保存していた設計図をもとに監修し、照明は小嶋眞二氏が当時の仕事を思い出しながら配光しました。この「ゆき子の部屋」再現については、竹中氏の回想がありますので、参照してください（本書「コメント2」）。展示は、次の三つの意味をもつものとして、このパートの最初におかれています。それは第一には、戦後の原風景ともいうべき焼跡に建てられた小さな部屋を表現するとともに、第二には映画「浮雲」（原作林芙美子）で描かれた「喪失」を生きた庶民の戦後を象徴する展示物としておかれています。この映画で描かれた男女にとって、戦争中の南部仏印で生きた経験だけが確かなものであり、戦後は「喪失」として意識されていたからです。そして第三には、カメラ（ミッチェル）・照明・カチンコなどの機材を配置し、歴史を表象することの意味を考える素材です。この映画「浮雲」セット「ゆき子の部屋」は、確かなデザイン、板を古く見せる「汚し」の技術などから

「映画セットの見本」といわれています。それは日本映画黄金時代における「かつどう屋気質」に支えられた技術伝承の貴重な復元でもあります。

映画「浮雲」撮影セット「ゆき子の部屋」再現（©1955　東宝）歴博所蔵

［展示資料］２　大東塾からワシントンハイツへ

一九四五年から四八年までの間に、五二七名の陸海軍関係者が敗戦の責任を感じて自決したといいます（鶴見俊輔『日本の百年　新しい開国』筑摩書房、一九六二年）。またその後の数字では、軍人軍属六〇〇人を超えるともいわれています（『昭和　二万日の記録』7、講談社、一九八九年）。しかしそれ以外にも数は不明ですが、民間人のなかにも自決した人々がいました。たとえば、尊攘義軍は愛宕山にこもって手榴弾で爆死し、明朗会員は二重橋に向かう松林のなかで自決しました。また代々木練兵場では大東塾員一四名が腹を切って死にました。彼らのなかには国家の指導者たちが責任をとって退陣しないことに憤慨し、自分たちみずからが責任をとって自殺する道を選んだといわれています。「大東亜戦争」を国家のたてまえ通りに真面目にたたかった若者たちは、その喪失に殉じることによって祖国再建の「人柱」となることを願ったのです。

大東塾は一九三九年（昭和一四）四月に結成されました。三三年、国学院学生であった影山正治は同志を集め、悪い政治家を一掃して、天皇中心の政治を実現する計画を立てますが、失敗に終わり、下獄後、真の同志を求めてこの組織をつくりました。八月二五日、塾生一三名は、中国に出征中であった影山正治の留守をあずかった父影山庄平とともに腹を切って自害しました。ある政治思想史研究者は、次のように分析しています。

代々木練兵場での大東塾員の自決（歴博所蔵）

「十四士自刃記録」（歴博所蔵）

空から見たワシントンハイツ（歴博所蔵“DEPENDENTS HOUSING JAPAN & KOREA”より）

「自刃した大東塾同人の遺書には、明らかにある思想がある。個々人によって思索過程を異にし、自殺の自覚内容も異なっている。しかし、そこには『責任』をとるという思想が、皇祖神に対する罪――したがって、みそぎの意識という形態ではあるが一貫している」「かれらの用語法や修辞の神展臭味を抽象してみれば、かれらが死によってつらぬこうとした日本国家批判の方法は、たとえば山田栄三『海軍予備学生』の中の日記に記されたもの――死によってはじめて責任ある国家批判が可能であるという見解と、それほどちがわないといえる。そうしなければ自己の思想もゴマカシであるという認識が極限まで押しすすめられている点で共通しているのである」（傍点―原文、橋川文三「敗戦と自刃」『増補版 歴史と体験―近代日本精神史覚書―』春秋社、一九六八年）。

この事件が起った代々木練兵場は、その後はＧＨＱに接収され、ワシントンハイツという米軍将校家族宿舎に生れ替わりました。そこは住宅・病院・学校・劇場・教会や変電所までもつ日本人立入り禁止区域となったのです。このワシントンハイツの内装と概観については、本展示資料“DEPENDENTS HOUSING JAPAN&KORIA”（GHQ DESIGN BANCH JAPANESE STAFF・商工省工芸指導書編、技術資料刊行会刊）に紹介されています。

中国から帰国した影山正治は、ＧＨＱに対し、この土地の返還運動を続けます。一九六四年八月、ようやく日本に返還され、東京オリンピックの選手村などに使われ、現在は代々木公園、ＮＨＫ放送センターとして利用されています（秋尾沙戸子『ワシントンハイツ―ＧＨＱ

が東京に刻んだ戦後』新潮社、二〇〇九年)。ここにも「戦後日本」の縮図のひとつが存在しています。

この事件の記録は、事件後まもなく遺書・遺墨・辞世歌を主としたガリ版印刷の小冊子が刊行され、遺族と一部関係者に配布されました。本展示資料である『十四士自刃記録』(一九五一年)は、これに若干の付録を加えて改訂されたものです。その後、この事件の記録は、大幅増補を加えた活版刷りの書籍として刊行され版を重ねました(大東塾『大東塾十四烈士自刃記録』大東塾出版部、一九五五年、また同『大東塾三十年史』同出版部も参照)。

[展示資料]3　昭和天皇関係資料

戦後の日本は、喪失に殉じた少数の人々を残して、戦後の復興から成長の道を歩みだしました。それは過去の自分をすてて、もう一つの自分に転向していくことを意味していました。その転向は「人間宣言」を発して「神格」否定を宣言した昭和天皇にはじまり、庶民レベルでも、右翼も左翼も関わりなく、軍国主義から平和主義、あるいは民主主義への変身がなだれをうってはじまったのです。その一億総転向の物語が「戦後日本」を特徴づけています。

①一九四六年一月二五日付マッカーサーのアイゼンハワー宛て電報(複製)

一九四五年(昭和二〇)秋、天皇制は最大の危機をむかえていました。中国やオーストラリアなどをはじめ海外メディアにも天皇の戦争責任を問う声が広がっていました。九月二七日の第一回天皇・マッカーサー会談から、翌年一月の「人間宣言」などの節目をへて、GHQとの合作によって「軍服の天皇」から「背広の天皇」への転換がすすめられていきました。当時はまったく知られていなかったのですが、この時期多くの文書が「天皇の処遇」をめぐって出されています。今回の展示では、その間のもっとも重要な文書の一つである「一九四六年一月二五日付マッカーサーのアイゼンハワー宛て電報（複製）」を展示することにしました（原品は、The U.S. National Archives and Records Administration 蔵）。この文書では、もし天皇を裁判（極東軍事裁判）に付すことになれば、必ず国民の大騒乱をひき起こし、最小限一〇〇万の軍隊が必要になるとし、占領政策をすすめる上で天皇のはたす役割の重要性をみとめ、天皇存置を提言した重要な文書となりました。

つづいて二月三日、マッカーサーはGHQ民政局に三原則（天皇制の存続、戦争と軍備の放棄、封建制の廃止など）を示し、これを組みこんだ憲法草案の起草を命じることになります。GHQの憲法草案が日本政府に手渡されたのは、二月一三日でした。そして昭和天皇は、二月一九日にはじめて神奈川県を巡幸、以後各地を回ることになりました。今回の展示では、映像タッチパネルのなかに千葉県、愛知県、大阪府、京都府などの「天皇巡幸」のニュース映像を収録してあります。

なおこの間の参考文献として、中村政則・山際晃編『資料・天皇制』大月書店、一九九〇年、高橋紘・鈴木邦彦『天皇家の密使たち』徳間書房、一九八一年、坂本孝次郎『象徴天皇のパフォーマンス』山川出版社、一九八九年、安田常雄「象徴天皇制の五〇年」歴史学研究会編『戦後五〇年をどう見るか』青木書店、一九九五年、所収などがあります。

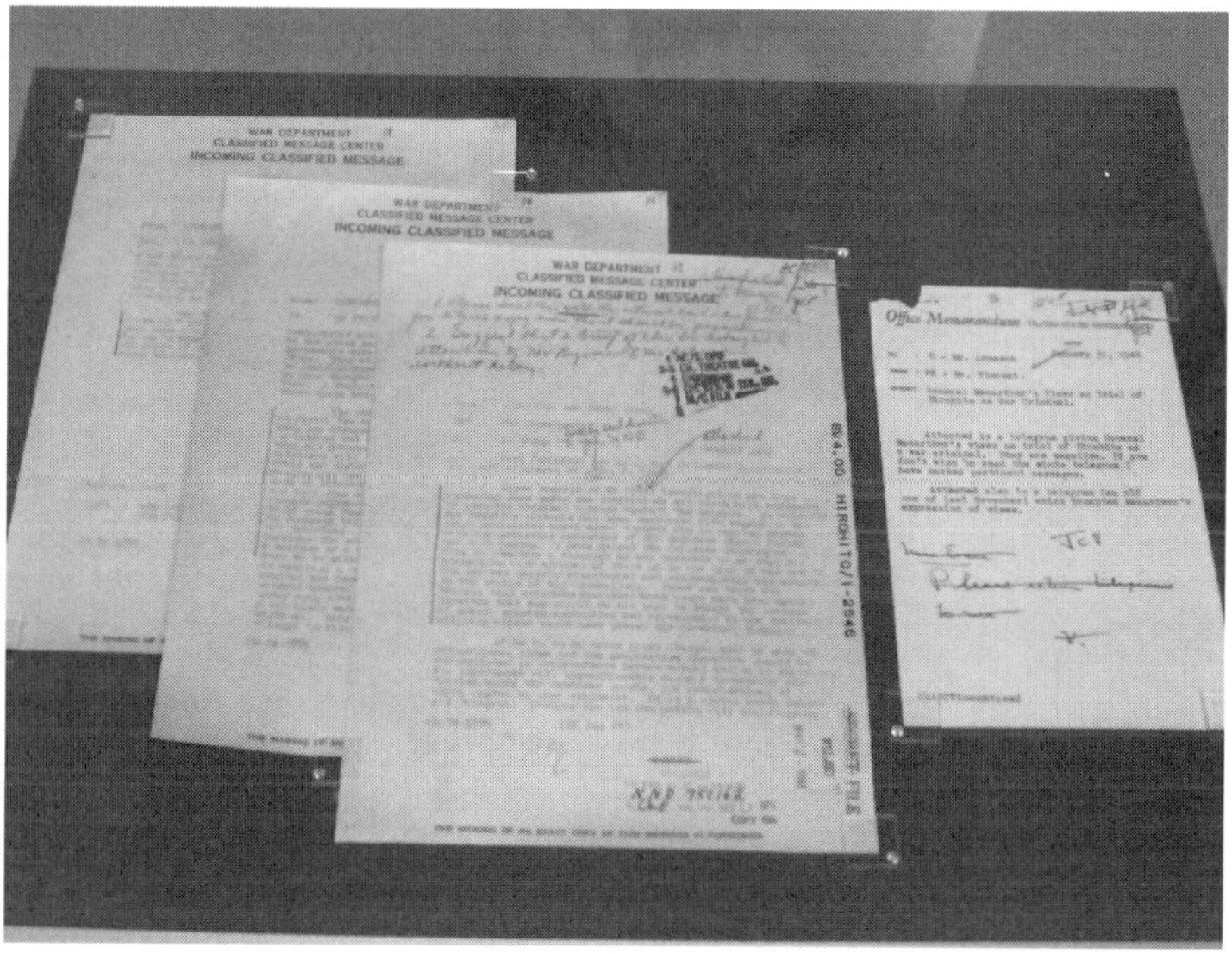

1946年１月25日付　マッカーサーのアイゼンハワー宛電報〈複製〉（歴博所蔵）

②「熊沢天皇」関係資料

「軍国日本」から「平和日本」への転生という大きな流れのなかで、一時的にせよ国家機構が崩壊した空白にうまれた自由の空間が、固有の戦後という場所をつくったと思われます。人びとは衣食住を求め、精神の自由を求めて活発に動き始めたのです。たとえば、一九四六年（昭和二一）三月、ある少女は女学校に合格したので、母と一緒にお世話になった先生に挨拶に行ったときのことです。校舎は跡形もなく、ただ奉安殿だけがぽつんと残っていたといいます。奉安殿とは、御真影（天皇皇后の写真）や教育勅語謄本などを安置するため、学校の敷地内に作られた施設で、戦争中にはその前を通るときには最敬礼させられた場所でした。「ところが、その奉安殿に人が住んでいるらしく、オムツが風にひるがえっていた。入学以来、徹底した小国民教育を受け、登下校の際には必ず最敬礼させられていた奉安殿に人が住んでいるなんて信じられないことだった。（中略）私はショックで動けなかった」と記録に残しています。東京都渋谷の記録です。神聖な奉安殿にもオムツが翻るという情景は、生きる必要という欲求の解放が、この固有の戦後を特徴づけていることを現しているのでしょう（志村悦子「奉安殿のオムツ」、朝日新聞テーマ談話室編『天皇そして昭和』朝日新聞社、一九八九年。安田常雄「象徴天皇制と民衆意識」『歴史学研究』No.六二一、一九九一年七月）。

こうした状況のなかで「天皇を自称する人びと」も現われ、大きな話題になりました。それは戦後という時代の性格を見事に表現しているといえるでしょう。特に自分こそ本当の天皇だと名のり、皇位を南朝に返還せよとマッカーサーに手紙を書いた「熊沢天皇」の事例は、海外特派員のキャンペーンにも乗って、世界に広がっていきました。最初の報道は、『星条旗』(The Pacific Stars and Stripes) の一九四六年一月一九日付、続いてアメリカの写真雑誌『ライフ』の一九四六年一月二一日号が、大きな写真と記事で報道しました。

この熊沢天皇問題については、古典的には、滝川政次郎「後南朝を論ず」後南朝史編纂会編『後南朝史論集』一九五六年、所収があり、また最近では、藤巻一保『吾輩は天皇なり―熊沢天皇事件』学研新書、二〇〇七年がルポルタージュ風に追跡しています。

熊沢寛道・熊沢天皇：大阪市都島区で1951年撮影
(写真提供　毎日新聞社)

(2) 冷戦としての戦後

さて二つ目のキーワードが、冷戦です。中国革命と朝鮮戦争によって火を吹いた東アジアの冷戦は、日本ではアメリカに対する感情と意識の複雑な様相をもたらしました。アメリカから流入する制度や生活様式、特に文化におけるたのしい親米感覚は、戦後の日本人に大きな影響をあたえました。しかし一九五〇年頃より再軍備やレッドパージ、また沖縄をふくめた基地反対運動が広がるなど反米意識も高まっていきます。日本の戦後とはこうした親米と反米の重なりあいと交替によって特徴づけられました。

占領軍が日本にもってきた「アメリカ文化」は、衣食住から風俗まで、多くの人々のあこがれでした。英会話のテクストは飛ぶように売れ、NHKラジオの「カムカム英語」は大ヒットし、「カムカムクラブ」という愛好者たちのサークルもできました。マンガの「ブロンディ」はアメリカのライフスタイルをわかりやすく伝え、ダッグウッド・サンドウィッチはそのシンボルとなります。こうした占領期のアメリカナイゼーションのピークの一つが、アメリカ博覧会でした。この博覧会は、一九五〇年三月一七日から六月一一日まで、兵庫県西宮市で開催され、二〇〇万人を超える入場者を記録しました（主催、朝日新聞社）。人びとの人気は、大「パノラマ」やアメリカ製の機器（台所設備、ミシン、服地、家具など）に集中したといわれています。それは占領軍とメディア（後援は外務省、通産省など）との合作によるメディア・イベントでした。

他方で占領軍は、プレスコードを布いて映画・演劇などの内容を取り締まり、その検閲は普通の人々の手紙などにも及びました。

［参考文献］　安田常雄「アメリカニゼーションの光と影」中村政則ほか編『戦後日本　占領と戦後改革5　戦後思想と社会意識』岩波書店、一九九五年、安田常雄「大衆文化のなかのアメリカ像」『アメリカ研究』37、二〇〇三年、安田常雄「〈占領〉の精神史─『親米』と『反米』のあいだ」歴史学研究会・日本史研究会編『日本史講座』第10巻（戦後日本論）、東京大学出版会、二〇〇五年、吉見俊哉「アメリカナイゼーションと文化の政治学」『岩波講座・現代社会学1　現代社会の政治学』岩波書店、一九九七年、吉見俊哉「冷戦体制と『アメリカ』の消費」『岩波講座・近代日本の文化史9　冷戦体制と資本の文化』岩波書店、二〇〇二年、吉見俊哉『親米と反米』岩波新書、二〇〇七年。

［展示資料］　1　ＧＨＱ東京地図

占領軍は、皇居に面する第一生命ビルに総司令部をおくとともに、主要なホテル、企業や個人の家々などを接収しました。東京宝塚劇場は「アーニーパイル劇場」として占領軍兵士向けの娯楽施設となり、銀座四丁目にはＰＸ（占領軍用の売店）が作られましたが、日本人は「オフリミット」（立入り禁止）でした。道路の名前も英語にかわり、交差点にはＭＰが立って交通整理をし、街には、英語標記の案内版や表示があふれました。

［参考文献］　福島鋳郎編『ＧＨＱ東京占領地図』

［展示資料］２　マッカーサーへの手紙　占領軍検閲資料

　占領期、多くの日本人がマッカーサーに手紙をかきました。現代史研究者によると、その数は、占領のはじめから一九五〇年末までで約五〇万通に及ぶと推測されています。そこには、勝者へのもたれかかりや招待の手紙、贈り物の手紙、就職の依頼状などから、政策の提言などに及んでいます。本資料は、未引揚者の捜索・救助と早期の引揚を懇願する手紙です。一枚の切実な「お願いの手紙」に、一人ひとりの人間のドラマが内臓されています。

　占領軍は、連合国の占領目的の実現と軍の安全確保を目的に、一九四五年九月三日より検閲体制を敷きました。検閲は東京・大阪・福岡の三つの検閲所で民間検閲支隊（ＣＣＤ）が担い、出版にはプレスコード、放送にはラジオコードが基準とされました。「非軍事化と民主化」の理念にもとづき、「軍国主義思想」や「封建思想」が削除などの対象になりました。展示資料の一つ、時代劇脚本「身替り孝養」(全四場）は、削除一ヶ所、注意二ヶ所、変更一ヶ所の処分を受けています。また紙芝居「自由の鐘鳴り響く」は、戦前の国家・警察による言論弾圧への抗議を内容としており、処分は受けていません。また検閲は、郵便や電話盗聴にも及び、郵便検閲ではランダム＝サンプリングで信書の一部が開封されることもありました。

展示されている封書では、封書の下を切って手紙を検閲し、また元に戻してセロテープを張り、検閲印を押しました。違反した記事などは、発表禁止・削除・変更・保留などの処分がとられました。こうした検閲は、一九四九年（昭和二四）一〇月三一日までつづきました。

戦前の日本でも厳しい言論弾圧が行われましたが、戦後は占領軍の手によって検閲が進められました。それは「検閲の下の民主主義」という矛盾を表現しています。

［参考文献］　袖井林二郎『拝啓　マッカーサー元師様』岩波現代文庫、二〇〇二年、安田常雄「マッカーサーへの手紙」人間文化研究機構『人間文化』5　二〇〇七年。

［展示資料］3　プランゲ文庫関係資料

プランゲ文庫は、メリーランド州立大学図書館　東アジア資料室に所蔵されている占領下日本の検閲資料です。プランゲ博士（Gordon W. Prange, 1910-80）は、アイオワ州生れ、二七歳でメリーランド大学の教授となり、主にヨーロッパ戦史を研究しました。戦時中は対日戦に参加し後、一九四五年（昭和二〇）から五一年（昭和二六）までGHQ参謀第2部（G-2）戦史室長として、対日戦の資料収集・分析にあたりました。帰国のとき、GHQ・CCD（民間検閲支隊）によって行なわれた占領軍検閲資料を持ち帰ります。資料は図書・パンフレット六万冊、雑誌一・三万タイトル、新聞一・六万タイトルといわれ、そのなかに多く

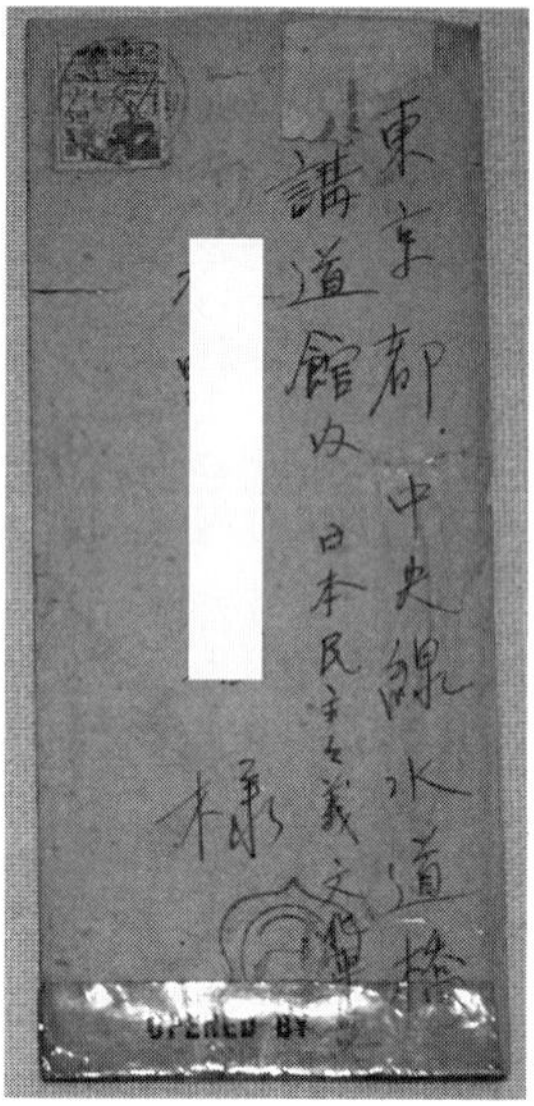

占領軍による検閲を受けた封書。
封筒下部に注目（歴博所蔵）

GHQ東京地図
CITY MAP CENTRAL TOKYO June 1948

丸の内周辺

個人蔵より作成

NO.	主な接収施設　（　）内は、主な占領軍関係施設
❶	朝鮮銀行
❷	内外ビル(英連邦占領軍司令部)
❸	三菱本館
❹	東京中央郵便局
❺	明治生命ビル(米極東空軍司令部)
❻	第一生命ビル(GHQ司令部)
❼	大正生命ビル
❽	日比谷帝国生命ビル(東京憲兵司令部)
❾	東京宝塚劇場（アーニーパイル劇場）
❿	帝国ホテル
⓫	松屋銀座店(Main PX)
⓬	服部時計店本店(PX)
⓭	日比谷公会堂
⓮	松村ビル・ニッポンタイムス(Pacific Stars & Stripes編集部)
⓯	東京放送会館(WVTR　米軍ラジオ放送局)

佐藤洋一『図説　占領下の東京』河出書房新社 2006年より作成

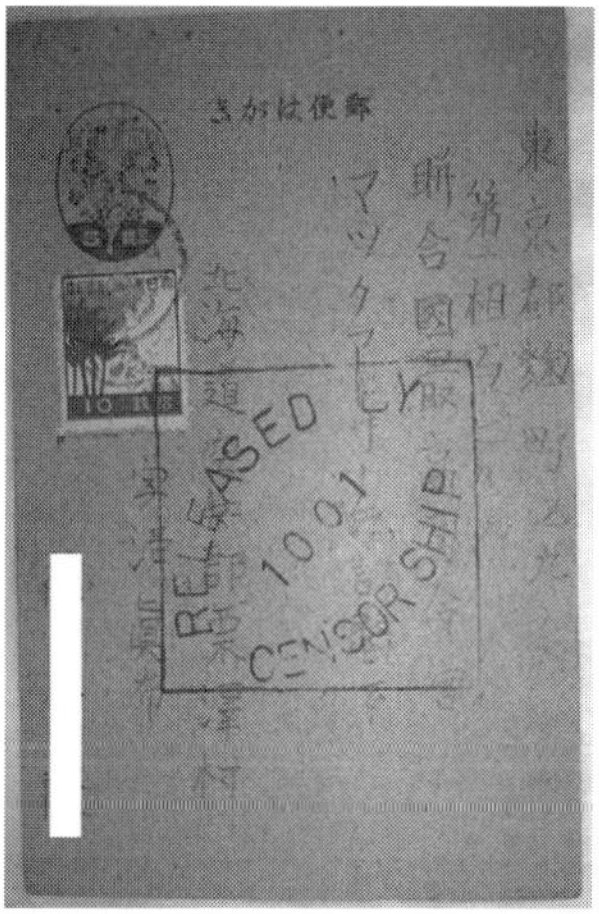

上. マッカーサー宛のハガキ（歴博所蔵）
中. 占領軍に検閲を受けた子どもの絵本（プランゲ文庫）
下. 絵本「アメリカの子ども　第一集　学校の巻」（プランゲ文庫）

の児童図書が含まれています。一九七九年五月六日、ゴードン・W・プランゲ・コレクションとなり、現在に至っています。

今回の展示では、特にプランゲ文庫所蔵の子どもの絵本を展示しています。たとえば「アメリカの子ども　第一集　学校の巻」では、子どもたちの後ろに掲げられた日の丸の旗に「disapproval（不承認）」と記されています。また「進駐軍じどうしゃ　いろいろ」の作者である横井福次郎は、敗戦直後、「不思議な国のプッチャー」などで人気を博したマンガ家で、手塚治虫にも大きな影響をあたえた人として知られています。彼は、一九四八年一二月五日、肺結核のため、三七歳で死亡しました。参考文献として、清水勲編『横井福次郎』臨川書店、二〇〇七年があります。

プランゲ文庫は、一方では占領軍検閲の資料ですが、同時にもはや日本には現存していないたくさんの貴重な資料が所蔵されており、占領期の日本を研究する資料の宝庫となっています。

［展示資料］4　英会話ブーム

占領軍の上陸とともに、「英会話」はブームとなりました。一九四五年（昭和二〇）一〇月には『日米会話手帳』が発売、一ヶ月で三六〇万部が売れました。翌年二月一日からは、平川唯一が講師を務めるＮＨＫラジオ番組「英語会話（カムカム英会話）」がはじまりました。平川は、一六歳で渡米し、戦時中はＮＨＫの国際放送のアナウンサーを務めました。彼が苦学して身につけた実用英会話の親しみやすさが、この番組の人気を支えていました。「証城寺の狸囃子」のメロディにのって"Come Come Everybody"ではじまるこの番組は全国に広がり、一九四七年には五七〇万世帯が聞き、テキスト販売は毎回五〇万部を超えたといわれています。放送終了は、一九五一年二月九日でした。

NHKラジオ番組「英語会話（カムカム英会話）」が広がるにつれ、親睦と学習をかねた「カムカムクラブ（支部）」が全国に結成されました。それは職業・性別・年齢・思想・信条に関わりなく、自主的で民主的な集まりとして地域や職場に作られました。その数は、会員二人から一〇〇〇人以上のものまで含め、全国で一〇〇〇以上といわれています。本部はメトロ出版社内におかれ、月刊誌『Come Come Club』を発行して、各支部のニュースや名簿などを掲載し、相互の交流活動を進めました。放送終了とともに、その活動は下火になっていきますが、その精神は、同時代のサークル運動とともに、ひとつの自主的な文化運動と評価されています。

【展示資料】5 『ブロンディ』とダッグウッド＝サンドイッチ

漫画『ブロンディ』は、当時全米九四〇余りの新聞に掲載され、四四〇〇万の読者に読まれていた人気漫画です。ブロンディ（Blondie）は、ダグウッド一家の主婦で、子ども一人、犬一匹が家族です。一九四六年（昭和二一）六月二日号の『週刊朝日』に初登場し、

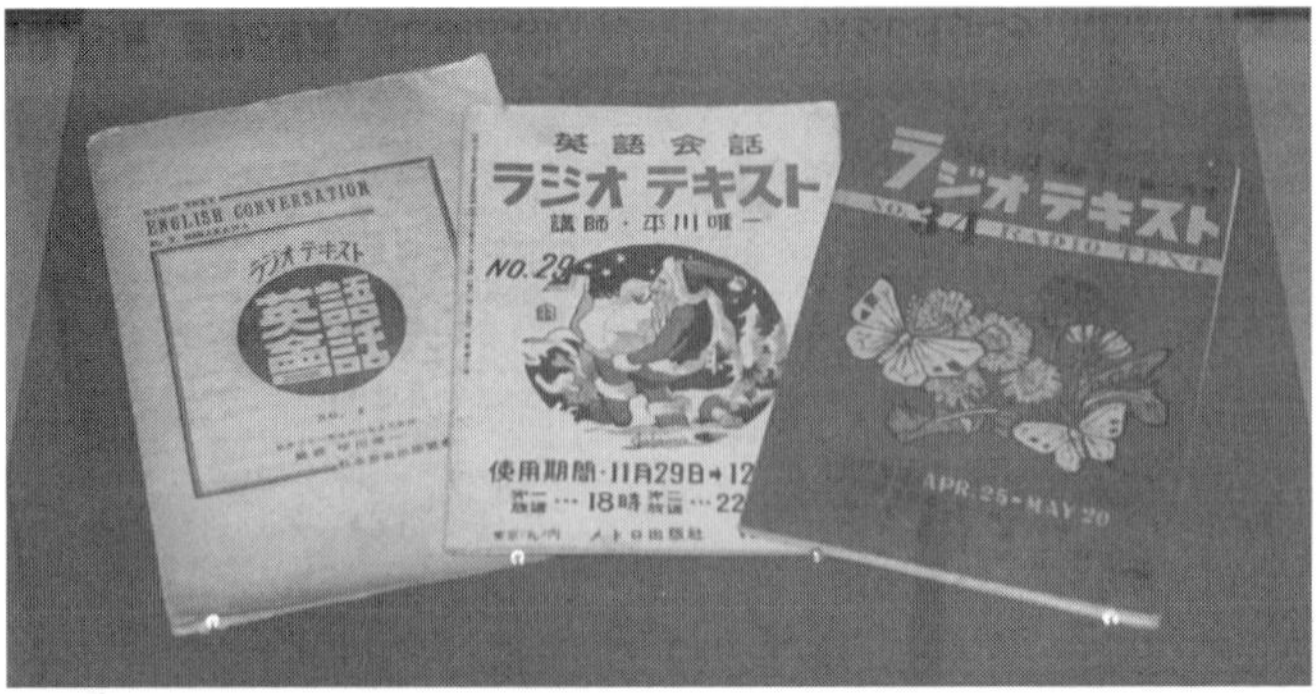

上．ＮＨＫラジオ英会話テキスト／中．月刊誌『Come Come Club』（歴博所蔵）

漫画『ブロンディ』の一コマをもとに再現した“ダグウッド＝サンドイッチ”の模型（歴博所蔵）

一九四九年一月一日付から一九五一年まで『朝日新聞』に連載されました（『ブロンディ』終了後、『サザエさん』の連載が始まります）。単行本は、一九四七年四月に第一集が朝日新聞社から刊行、五一年四月の第一〇集まで発行されました。それは占領期に最も人気のあった漫画であり、多くの日本人に豊かなアメリカの物質生活と平等な家族関係のモデルを与えたといわれています。特に、夫のダグウッドが冷蔵庫からたくさんの材料を出して作る巨大なサンドイッチは、豊かなアメリカの物質生活に対するあこがれの象徴となりました。ダグウッドは自動車はもっていない、毎日バスで通勤、何の仕事をしているのかよくわからないのですが、とにかく疲れて家に帰ってくる、そんなサラリーマンのダグウッドにとって、巨大なサンドイッチを作り、ベッドで食べるのが唯一の楽しみと描かれていました。今日からみれば、それはしがないサラリーマンの悲哀の表現でもあるのですが、当時の日本人は、この漫画をそのようには読まず、巨大なサンドイッチの物量に圧倒されたのでしょう。今回のダッグウッド＝サンドイッチは、長谷川幸雄「『ブロンディ』の二一年間絵のアルバム」（『ブロンディ』第一〇集）をもとに製作しました。

［展示資料］6　オキュパイド・ジャパン製の日本商品

占領下の五年間（一九四七〜五二年）、すべての輸出向け日本製品には、“MADE IN OCCUPIED JAPAN”の刻印やラベルをうつことが義務づけられました。これら日本製品の

“MADE IN OCCUPIED JAPAN” と印された輸出用日本製品（歴博所蔵）

代表的なものとして、時計、陶製の人形、米軍のジープ、戦車のおもちゃ、セルロイドのキューピーなどがあり、特に陶器のコーヒーカップは人気が高いものでした。また占領軍兵士の間では、日本製カメラの高い技術力が評判になりました。

［展示資料］７　戦後日本と米軍基地（解説）

占領軍は上陸後、旧日本陸海軍基地を接収し、占領の軍事的拠点としました。朝鮮戦争では、在日米軍基地は朝鮮への出撃、補給基地として使われました。講和条約の締結後は、日米安保条約によって米軍が必要とする基地を日本が提供し、駐留費用を分担するかたちになっていきます。その後、本土の基地は減少するのに対し、沖縄の基地は増加し、それにともない、生活環境は悪化し、犯罪なども増加していきました。

こうしたなかで、一九五〇年代前半は、米軍の基地新設・拡張、演習の激化などに対抗して、生活や環境を守る反対運動が全国にひろがりました。石川県内灘《うちなだ》闘争（一九五二―五三）、浅間妙義演習場設置反対運動（一九五三―五四）、砂川における立川基地拡張反対運動（一九五五―五七）などは、その代表的動きでした。

岸内閣は「日米新時代」をとなえ、アメリカと対等な条約に改めるとして、一九六〇年（昭和三五）一月、新日米安保条約を結びました。新条約では、米軍は引きつづき日本に駐留し、日本の領域内で日本とアメリカのどちらかが武力攻撃を受けたときは、在日米軍と自衛隊とは共同行動をとること、また相互の防衛力を強化することなどが定められました。また、一〇年を期限とし、その後は一方の国が通告すれば一年後には廃止できることになりました。しかし国民の間には、日本が冷戦下のアメリカの軍事行動にまきこまれる危険がある、という強い反対の声があがり、国会の審議がはじまると、新安保条約反対のデモがくりかえされます。岸内閣は、十分な審議をしないまま、衆議院で採決を強行しました。このため、論点は「新安保条約反対」から「議会主義・民主主義を守れ」に移り、その声は全国にひろがっていきました。この混乱のなかで、予定されていたアメリカのアイゼンハワー大統領の訪日は中止されました。そのとき、アメリカの大統領は沖縄まで来ていたのです。

一九六五年（昭和四〇）二月、アメリカは大軍を送って北ベトナムに無差別爆撃を開始しました。いわゆる北爆です。多数の民衆が殺され、アメリカは内外から厳しい批判をあびました。世界各地で反戦運動がたかまり、アメリカ国内でも徴兵カードを焼き捨てる若者が続出しました。日本でも、一九六五年に「ベトナムに平和を！市民連合」（べ平連）が結成され、市民を中心にした反戦運動や脱走したアメリカ兵の援助運動などがおこなわれた。日本政府はアメリカの立場を支持し、沖縄の米軍基地からは、北ベトナムにむけてB52爆撃機が出撃するなど、東アジアの冷戦に組み込まれていきました。戦争の影響をうけて、日本経済はうるおいますが、アメリカは、軍事費の増大によって、経済力がおとろえ、世界に対する影響力が弱まっていきました。

上．内灘闘争〈1952-53年〉（写真提供：毎日新聞社）

下．砂川における立川基地拡張反対闘争〈1955-57年〉（写真提供：共同通信社）

［展示資料］8　戦後沖縄と米軍基地（解説）

アメリカは、日本本土に憲法第9条を施行するとともに、沖縄を東アジアの冷戦をたたかう「太平洋の要石」（The Keystone of the Pacific）と位置づけ、軍事占領体制をしきました。一九五二年（昭和二七）四月二八日のサンフランシスコ平和条約の発効によって、日本は独立国としての主権を回復しましたが、沖縄は住民の期待も空しく、「暫定的」にアメリカの施政権下におかれ、以後二〇年の長期にわたり軍事占領が継続されました。沖縄ではこの日は「屈辱の日」とよばれています。また平和条約第3条前段では、国連が沖縄の信託統治をアメリカにゆだねることが予定されていましたが、アメリカから国連に対する「提案」は一度もなされず、日本政府もこれを黙認しつづけました。こうした状況のなかで、一九五三年の「土地収用令」による強権的な基地拡大が進み、人権侵害事件も頻発しました。一九五六年には「土地収用令」などに反対する運動は「島ぐるみ闘争」に発展し、こうした動きは一九六〇年代には本土復帰運動と結びついていきました。そしてベトナム戦争によって沖縄がふたたび米軍の前線基地となるなか、沖縄にはさまざまなかたちの抗議運動が広がっていきました。一九七二年（昭和四七）、沖縄は本土に復帰しましたが、広大な米軍基地は存続することになりました。本土の米軍基地はしだいに返還されていきますが、沖縄には膨大な基地がいまなお残り、米軍専用施設の七五％に達しています。

〔参考文献〕　沖縄タイムス社編『沖縄大百科事典』全5巻、沖縄タイムス社、一九八三年、思想の科学研究会編『共同研究・日本占領研究事典』徳間書店、一九七八年

上. 嘉手納基地より飛びたつB52（写真提供：毎日新聞社）
下. 本土復帰の日の那覇市センター通り（写真：石川文洋、提供：朝日新聞社）

[展示資料] 9　基地関係図書

①猪俣浩三、木村禧八郎、清水幾太郎編『基地日本―うしなわれいく祖国のすがた』和光社、一九五三年五月。

この本は、第一部として現地からのルポルタージュ「おののく基地の表情」、第2部として「基地の問題をどうするか」と題して論説で構成されています。特に、北海道千歳基地にはじまり、長崎県佐世保基地までの各地のルポは、ほとんどはじめて現地の人びとの手による基地の実情報告として大きな反響をよびました。

②清水幾太郎、宮原誠一、上田庄三郎編『基地の子―この事実をどう考えたらよいか』光文社、一九五三年四月。

この本は、一九五二年一一月、北は北海道から南は鹿児島まで、基地周辺の小中学校によびかけ、集まった一三二五点の作品から、作文二〇〇点、写真五四点、地図二〇点を選んで編集したものです。編者はあくまでも「基地周辺の小中学生の眼に、基地の生活の現実がどう映ったか、その生活感情をありのままに綴ったもの」を冷静公平にえらんだと書いています。ここには、一九五〇年代の生活綴方教育の成果が表現されています。

③神田正男、久保田保太郎『日本の縮図　内灘―軍事基地反対闘争の実態』社会書房、一九五三年。

一九五二年九月、政府は在日米軍の意向をうけて、石川県河北郡内灘村の砂丘地に砲弾試射場建設を県に伝達しました。これに対し「金は一年、土地は万年」をスローガンに接収反対運動が展開されました。それはわが国最初の全国的基地闘争でした。本書は、現地の生活の実態と運動の展開を報告しています。なおのちに内灘闘争資料刊行委員会編『内灘闘争資料集』同刊行会、一九八九年が刊行されました。

④『綴方風土記　第八巻　九州・沖縄編』平凡社、一九五四年。

この本は、各県の小・中学生から送られた作文や詩を編集し、同時代の「日本」を描いています。特に社会問題として注目されていた筑豊に焦点のひとつをおき、「朝鮮の見える島」のタイトルで五島列島・壱岐・対馬を紹介し、「いまはアメリカの軍隊に支配されている琉球諸島」を独自にとりあげている点に編集のねらいを見ることができます。その意味で、一九五〇年代における生活記録運動のすぐれた成果となっています。

⑤真壁仁編『弾道下のくらし　農村青年の生活記録』毎日新聞社、一九五六年。

山形県戸沢村は、米軍進駐とともに射爆場として接収され、その弾道のもとで生活してきました。一九五五年（昭和三〇）九月、砂川町につづいて強制測量が行われ、死傷者まで出す激しいたたかいが展開しました。一九五六年、米軍は引き揚げましたが、村のなかに大きなしこりを残すことになります。この本は、基地反対運動を契機にあらためて戦後の農民生活、所有関係、医療、農村婦人と青年層などを見つめ直し、戦後の農民の解放とは何かを問い直しています。「山びこ学校」を生み出した山形県の生活記録運動の成果の一つです。

⑥『アサヒグラフ　特集　流血の佐世保』一九六八年二月二日号。
一九六八年一月一九日朝、「動く城」とよばれたアメリカの原子力空母エンタープライズは、ミサイル駆逐艦二隻をともなって、佐世保に入港しました。核兵器は搭載せず、補給と乗組員の休養が目的だと政府は説明しました。しかし人びとの疑惑は消えず、佐世保は寄港反対の声で埋めつくされました。本誌は、たくさんの写真と解説によって、その実像を伝えようとしました。「三派全学連」への機動隊の実力行使があまりにはげしいことに一般市民が反感をもったためか、「学生への市民の同情は日ごとに高まった」と報道しています。それは激動の一九六八年の幕開けを記録しています。

〔展示資料〕10　沖縄関係図書

①沖縄タイムス社編『鉄の暴風』朝日新聞社刊（再版以降は沖縄タイムス社刊）、一九五〇年。

1950年代における本土の基地関係図書と1968年２月の佐世保特集号の展示（歴博所蔵）

沖縄関係図書の展示（歴博所蔵）

それまでの沖縄戦の記録は日本軍兵士たちの戦記だけで、沖縄の住民によって書かれたものはありませんでした。この本は沖縄人による最初の沖縄戦の記録です。米軍占領下の制約の下で書かれ、米兵のヒューマニズムを過大に評価するなどの面ももちますが、沖縄戦の代表作の一つとして読みつがれています。

②アーニー・パイル『最後の章』青磁社、一九五〇年。

アーニー・パイルは米国ジャーナリスト。コラムニストとして知られ、第二次世界大戦ではヨーロッパ、アフリカ、太平洋戦線で活躍しました。一九四五年四月一日、海兵隊とともに読谷村に上陸、その後伊江島に上陸しましたが日本軍に撃たれて殉職しました。一九四七年那覇市牧志にアーニーパイル劇場が建てられ、東京にも同名の劇場ができました。

③石野径一郎『ひめゆりの搭』山雅房、一九五〇年。

一九四五年四~六月にかけてのひめゆり学徒隊の行動を、伊差川カナという生徒を主人公に描き、戦争指導者への怒りと戦火に散った若い生命への愛惜を訴えました。一九五三年、この原作をもとに映画「ひめゆりの搭」（今井正監督、東横映画）が作られ、全国的な大ヒットとなりました。

［展示資料］11　戦後の沖縄関係資料

戦後の沖縄は、東アジア冷戦のなかで名づけられた「Keystone（要石）」という言葉によって表象され、意味づけられてきました。この言葉がいつから使われるようになったかは不明ですが、一九五〇年代の初め頃から、アメリカ軍関係者のあいだで演説や印刷物に頻繁に使用されるようになったといわれています（鹿野政直「『沖縄』と『琉球』のはざまで」『戦後沖縄の思想像』朝日新聞社、一九八七年）。アメリカにとって沖縄は、日本ばかりでなく、中国、台湾、朝鮮半島そしてソ連をも一望のもとに透視できる戦略的重要拠点であったからです。のちにはベトナムをも射程におさめることになります。今回、展示している「米軍統治下沖縄の米軍関係者用ナンバープレート」（「OKINAWA　AM 44¢ KEYSTONE OF THE PACIFIC」）は、米軍統治下において米軍関係者が使用する自動車につけられていました。

こうして戦後の沖縄は、冷戦下の軍事戦略を主軸としながら、多様な形での「琉米親善」の幻想がふりまかれていくことになります。琉球列島米国民政府が発行した広報誌である『今日の琉球』と『守礼の光』の二つの雑誌はその代表です（ともにこの二つの雑誌は、表向きは米国民政府の発行ですが、実体は米軍の政治・経済謀略部隊陸軍第七心理作戦部隊の刊行といわれています）。『今日の琉球』は一九五七年一〇月の創刊で、ほぼ月刊として刊行され、一九七〇年一月、ドル防衛のための予算削減を公式の理由に廃刊となりました（通巻一四六号）。また『守礼の光』は、一九五九年一月の創刊（より細かくは琉球列島米国高等弁務官府の発行）、特にアメリカ軍の日本人従業員を第一の対象としつつ、一般家庭にも無料配布されました。『今日の琉球』は米国民政府政策の説明・宣伝や琉米親善関係記事などニュース性のある記事や硬派の論説記事が載り、『守礼の光』は、沖縄文化や米国の歴史など、どちらかというとソフトなPR記事が多く掲載されました。『守礼の光』は復帰後『交流』と解題し、七三年六月まで刊行されました。一九六八年七月一日現在で、『今日の琉球』二万二〇〇〇部、『守礼の光』九万二〇〇〇部といわれ、全世帯の五割をこす部数でした。しかしこうした広報誌には、日米安保、米軍基地関係、基地犯罪などに触れることはほとんどなく、のちには復帰運動への「むきだしの敵意」が表現されることにもなりました。参考文献として、沖縄タイムス社『沖縄大百科事典』（同社、一九八三年）、鹿野政直「統治者の福音」（『戦後沖縄の思想像』朝日新聞社、一九八七年）や、屋嘉比収『沖縄戦、米軍占領史を学びなおす』世織書房、二〇〇九年、などがあります。

また今回の展示には、基地犯罪関係の資料として、基地・軍隊を許さない行動する女たちの会による『沖縄・米兵による女性への性犯罪』という小冊子が展示されています。これは作成者、高里鈴代、宮城晴美両氏を中心とした市民運動の活動にもとづく年表であり、初版は一九九六年二月二日に刊行されました。以後改訂を重ね、現在では第7版まで刊行されています。データは新聞、書籍、証言などをもとに記録として残されたものを記述し、「捜査自体が行われたかどうか不明なものは『容疑者不明』、容疑者が特定されながら刑がどうなったかわからない事件は『不明』とした」と記されているように、性犯罪事件の沖縄的特異性、あるいは戦後沖縄の植民地主義的特徴が浮かび上がる構成になっています。

それでは戦後沖縄をイメージするとき、私たちはどのような情景を思い浮べるでしょうか。たとえば、前景に畑を耕す農婦がいて、金網のフェンス越しに飛び立っていくB52のワンショット。あるいは国際通りを行く基地反対のデモの隊列などなど。それらはさまざまに「沖縄の現実」を私たちに伝えてくれています。しかしそうした定型のイメージの影に隠れているもう一つの沖縄のイメージとは何か。そんなことを考えているとき、仲里効さんの写真集『ラウンド・ボーダー』(APO、一九九九)に出会いました。そこでは、日常の暮らしのなかに埋め込まれ、点在する〈亀裂〉を凝視することによって、より深い次元で「沖縄の現実」に直面させられます。

たとえば一枚の写真。「通りを練り歩くパレードの列が波となる祭りの日。爆竹が弾け、鉦が鳴り、旗頭が揺れていた」と仲里さんは註釈を付けています。そのとき、バスケットスタイルをした一人の黒人少年があらわれたのです。「両手を後ろに組み、好奇の目を向ける。その仕草に一篇の物語が流れ出す」。「黒く深い視線を生きるとき、見慣れた風景や聞き慣れた音がミスティックに色づきはじめるだろう。ささやかな外への窓が開けられるときでもある」。見慣れた日常のなかに走る一瞬の〈亀裂〉、それは固定された記憶を揺すぶり、歴史をたどり直す瞬間でもあるのでしょう。また別のところで、仲里さんは「散文的な雑踏に挿入された一枚の詩的刹那。夢の痕跡が泡立ち、回る時だ」とも書いています。

写真集『ラウンド・ボーダー』は、こうした一瞬の〈亀裂〉の表現から、基地の島といわれる沖縄の現在を照射し、歴史と記憶の作り直しをうながす強度に満ちています。そして展示方法の問題としていえば、いわゆる「美術展示」と「歴史展示」の越境の可能性を提起しているものと読めます。

なお今回の展示では、「冷戦としての戦後」の最後に、ジュークボックス（SEEBURG モデル :DS160H シリアルナンバー：362329）がおかれています。これは一九六〇年代に沖縄で使用されていたものです。上段右にある写真は、バディ・ホリー（Buddy Holly）、本名はチャールス・ハーディン・ホリー（Charles Hardin Holley、1936.9.7～1959.2.3）。アメリカのミュージシャンでロック草創期に活躍したことで知られています。

上.「米軍占領統治下沖縄の米軍関係者用ナンバープレート」および冊子『今日の琉球』『守礼の光』（いずれも歴博所蔵）

下. 1960年代に沖縄で使用されていたジュークボックス（歴博所蔵）

基地の島・沖縄のもう一つの現実（写真＝仲里効、同氏『ラウンド・ボーダー』ＡＰＯ 1999年より）

（3）民主主義としての戦後

第三のテーマは、「民主主義としての戦後」です。

戦後の民主主義は、非軍事化と民主化を旗印にした占領軍の影響下で出発しました。憲法・財閥解体・農地改革などの戦後改革は、戦前とはちがう社会の仕組みの青写真でした。表現の自由が認められ、多様な雑誌が創刊され、子どもたちの文化も花開いていきます。今回の展示では、人びとの欲求を根におく表現の解放に焦点をあて、戦後の民主主義の動きを追っていくことにしたいと思います。こうした表現の民主主義は、その時々の政治課題との対応を含みながら、一九六〇年代後半には同時代の世界の動向と響きあう運動としての民主主義というスタイルをつくっていきます。

[展示資料] 1　戦後雑誌創刊号コレクション

この壁面の展示資料は、歴博が所蔵している戦後雑誌の創刊号コレクションの一部です。敗戦後、占領軍による戦後改革がやつぎばやに打ち出され、人びとは戦争中の拘束から解放されました。憲法が制定され、教育現場では教育基本法が制定され、子どもたちは戦前の

戦後雑誌創刊号コレクションの展示（歴博所蔵）

教科書に墨を塗らされました。一方で、占領軍の検閲体制が敷かれていたのですが、人びとに表現の解放をもたらしました。人びとは「食の飢え」とともに「知の飢え」を満たすべく、書店には長い列が続いたといわれています。おびただしい数の雑誌や出版物が街にあふれました。この動きは中央の出版界だけでなく、全国各地でも無数のガリ版刷り雑誌などが刊行されました。それは『世界』『人間』などの総合雑誌から、『りべらる』『猟奇』『真相』などのカストリ雑誌まで、その主張も左右あらゆる領域にわたり、それぞれの表現が同一の空間に対等に並んだ稀有の時代でした。戦前日本の出版文化は「岩波文化と講談社文化」と対比されるように、エリート文化と大衆文化が二極に分かれていましたが、敗戦によってこの二つは混在して平準化されていったからです。しかし、高度成長期に入ると再びエリート文化と大衆文化の二極化が進みます。そしてふたたびこの両極が融合・混在していくのは、サブカルチャーが主流化していく一九七〇年代以後のことになります。

今回の展示では、こうして一斉に開花する表現の解放を、ほぼ昭和二〇年代を中心に展示しています。特徴の一つは、あらゆるジャンルの雑誌が、一斉に刊行された状況を感じていただくこと。そのため「総合雑誌」や「女性雑誌」、「カストリ雑誌」などと分類していません。第二には大づかみに中心から周辺にむけて、渦を巻くように戦後直後から昭和二〇年代にむけて配列してあります。今回の創刊号展示では『猟奇』（一九四六年一月）、『平凡』（一九四五年一二月）、『近代文学』（一九四九年一月）、『民主朝鮮』（一九四六年四月）、『世代』（一九四六年七月）、『ひまわり』（一九四七年一月）、『理論』（一九四七年二月）、『荒地』（一九四七年九月）

などめずらしい創刊号を見ることができるでしょう。

［参考文献］　福島鑄郎編『戦後雑誌発掘』日本エディター出版部、一九七二年、井上ひさし編『ベストセラーの戦後史』第1集、文藝春秋社、一九九六年、安田常雄「教養からサブカルチャーへ」、大門正克・安田常雄・天野正子編『戦後経験を生きる』吉川弘文館所収、二〇〇三年。

［展示資料］2　月刊雑誌から週刊誌へ（解説）

次のコーナーでは、少年少女向けの雑誌などを中心に、戦後の子どもの文化を見ていくことにします。

一九五〇年代は、子どもの文化にとって月刊雑誌の黄金時代でした。『少年』『おもしろブック』『少年画報』『冒険王』や『少女』『少女クラブ』『なかよし』などが毎号競って本屋の店頭に山積みされていました。特に新年号などには各誌とも何冊ものマンガの別冊付録が付いていて、子どもたちのたのしみでした。自分の買った雑誌以外にも友だちと交換して読んでいました。マンガで生れたヒーローは、ラジオや映画の主人公にもなっていきました。

こうした月刊雑誌の子ども文化も、一九五五年（昭和三〇）年前後を境に「中間層文化」に変質していきました。一九五六年（昭和三一）二月六日には、初の出版社系週刊誌として『週刊新潮』が創刊、さらに『週刊女性』『週刊明星』『女性自身』などが発刊され、週刊誌ブームといわれました。五九年には『朝日ジャーナル』『週刊現代』『週刊文春』『週刊平凡』などが刊行されブームはピークをむかえます。子ども文化の世界でも、五九年三月には『少年マガジン』（講談社）、四月には『少年サンデー』（小学館）が刊行されて週刊誌時代を迎えていきました。

一九五九年（昭和三四）には『少年サンデー』『少年マガジン』の少年週刊誌もスタートし、『朝日ジャーナル』や『週刊平凡』なども創刊されていきます。それはテレビ時代の幕開けでもあり、アメリカ製ホームドラマなどが一斉に流れ込んでくることになります。皇太子ご成婚とミッチーブームも、この時代の気流のなかにありました。

［参考文献］　加藤秀俊『中間文化』中央公論社、一九五七年、『人生読本　テレビ』河出書房新社、一九八三年、岩間夏樹『戦後若者文化の光芒』日本経済新聞社、一九九五年、安田常雄「教養からサブカルチャーへ」、大門正克・安田常雄・天野正子編『戦後経験を生きる』吉川弘文館所収、二〇〇三年。

［展示資料］3　小松崎茂と山川惣治の絵物語

戦後の少年読物文化は絵物語ではじまりました。小松崎茂《こまつざきしげる》の空想科学もの（たとえば『海底王国』）や山川惣治《やまかわそうじ》の『少年王者』『少年ケニア』はその代表でした。それは精密な描写力と雄大な物語によって構成され、「世の中のためにつくす正しい人間になってほしい」というメッセージが響いていた。今回の展示では、山川惣治『少年ケニア』の原画の一部も展示しています。

戦後の少年雑誌（歴博所蔵）

『海底王国』（表紙画＝小松崎茂）
『大平原児』（表紙画＝小松崎茂）
『少年ケニヤ』 8号／10号（表紙画＝山川惣治）

［展示資料］4　カバヤ文庫の世界名作全集

カバヤとは岡山県に本社をおく菓子メーカーです（カバヤ食品株式会社）。一九五二〜五四年にかけて、一箱一〇円のカバヤキャラメルを買うと、なかに点数のついた券が入っていました。それは大当たり一〇点から、八点（カバ）、二点（ターザン）、一点（ボーイ）、一点（チータ）まであり、五〇点集めるとカバヤ文庫一冊と交換できたのです。文庫はいわゆる世界名作のダイジェスト。京都大学の大学院生や中学校・高校の教員がアルバイトで書き、吉川幸次郎、貝塚茂樹、今西錦司、桑原武夫など京都大学の教授たちも序文をよせていました。第1巻第1号が出たのは一九五二年八月三日、『シンデレラひめ』でした。全一五九冊が作られ、総発行部数は二五〇〇万冊に及ぶといわれています。毎号「町から村から」という欄で子どもたちの声が寄せられていました。

カバヤ文庫については、坪内捻典『おまけの名作―カバヤ文庫物語』（いんてる社、一九八四）が名著です。この本のなかで当時、読者だった少女のハガキを紹介しています。「先日、娘たち三人をつれて近所の本屋さんに行き、『イワンのバカ』『小公子』『ひみつの花園』など、幾冊かの本を買ってやりました。と言いますのも、私がこの娘たち（七歳、六歳、四歳です）のころ、まずしい家庭で本も買ってもらえない、むろん本屋さんもない小さな村に育ったのですが、母が、おやつに『カバヤキャラメル』を買って、集めたカードを本にかえ、布団に入って読んでくれた、なつかしい思い出があるからなのです」「夜、布団の中で聞く、まだ若い母の昼間にない楽しげな読み声に、本の楽しさと落ち着きを感じていたものです。おそらく、母も一日中で一番楽しいひとときだったのではないかと思います」。

カバヤ文庫　世界名作全集のラインナップ（提供＝カバヤ食品株式会社）

［展示資料］5 「怪奇実話　日本の空を飛ぶ怪飛行機」（『少年サンデー』一九五九年一一月二九日号）

一九五九年（昭和三四）九月二四日、新日本グライダー研究会の理事長、清水六之助は、若い会員たちとグライダーを飛ばしに神奈川県藤沢飛行場にきていました。その時、翼が長く国籍のマークもない黒いジェット機が不時着したのです。まもなく日本人たちは、厚木から飛んできたピストルをさげたアメリカ人たちに追い払われてしまいました。「完全に燃料を使いはたして不時着したのか？　とすると、この謎の飛行機は、想像もできないくらい遠くに行って来たことになる。いったい、どこへ行ってきたのか？」。「あんな秘密機が、日本に五、六機いるそうだよ。毎日、日本からどこかへ飛んで行っては、帰ってくるんだそうだ」。

この事件は『少年サンデー』のような子どもむけ雑誌にも五ページぶち抜きの写真、さし絵入りトップ記事として掲載されました。その謎の飛行機の正体がわかったのは一九六〇年五月五日。ソ連最高会議はソ連領空に侵入した米偵察機U２型機の撃墜を発表したからです。このスパイ飛行機の撃墜事件は、国会でも追及され、安保条約改定をめぐる世論にも影響をあたえました。

『少年サンデー』(小学館)1959年11月29日号に掲載された米偵察機の記事(歴博所蔵)

怪奇実話

日本《にっぽん》の空《そら》を飛《と》ぶ
怪飛行機《かいひこうき》

〔↑日本の空を飛ぶ怪飛行機U-2〕

国籍《こくせき》のマークが書《か》いてない、まっ黒《くろ》な怪ジェット機《き》が、とつぜん、藤沢飛行場《ふじさわひこうじょう》に胴体着陸《どうたいちゃくりく》した。この怪飛行機《かいひこうき》の正体《しょうたい》は、なんだろう？

〔↑藤沢飛行場に不時着したU-2〕

少年サンデー もくじ 第三十六号

(23)

［展示資料］6　「またコワくなる警察官」（『週刊明星』一九五八年一一月九日号）

一九五八年（昭和三三）一〇月、岸信介内閣は大衆運動の取締りを強化するため、警察官の職務権限の拡大をめざして警察官職務執行法の全面的な改正案を国会に提出しました。改正案では、従来は逮捕された者にだけ許される職務質問や所持品調べ、身体検査を、犯罪を犯すと疑うに足る相当の理由のある者にも拡大しようとしたのです。また多くの人が集る場所で、混乱が起る危険がある場合には中止や解散を命じることができるようにし、公共の安全と秩序が保たれないと判断した場合は、他人の土地・建物や公開の施設・場所に立ち入ることができるとしました。これに対し、院内外では大規模な反対運動が展開されました。発刊まもない『週刊明星』一一月九日号は特集を組み「デイトも邪魔する警職法！」「恋人の前で手錠！」などと警職法改正の危険性をアピールしました。改正法案は、一一月二二日審議未了をもって廃案とされました。

［展示資料］7　世界史のなかの一九六八年

一九六八年（昭和四三）前後の時代は、二〇世紀における世界史的な曲り角といわれています。東西冷戦体制のほころびも見えはじめ、環境を破壊する経済成長神話への疑問も明らかになってきました。固定された社会のしくみへの疑いは、世代間の対立を含みながら、新しいライフスタイルの実験として世界の各地に噴出しました。そこでは、ベトナム戦争を牽引力としながら、フランス5月革命、ソ連のチェコ侵攻への抗議（プラハの春）、中国文化大革命、アメリカの黒人運動や反戦運動、日本の大学闘争などが、世界同時的な「文化革命」の一環として展開されました。

今回の展示では、象徴としての一九六八年を間において、ほぼ前後一〇年の幅で、世界の七つの地域の主要な出来事を、当時のニュース映像で再現してみました。それぞれの地域についてはほぼ時系列で編集してありますが、この時代の象徴ともいうべきベトナム戦争については、一九六五年二月の北爆開始、一九七五年三月のサイゴン陥落など、七つの画面全体に同じ映像が流れる構成がとられています。どのように見ていただくのも自由ですが、たとえば日本が、一九六八年、「昭和元禄」を謳歌しているとき、ベトナムでは何が起り、中国・韓国、ヨーロッパ、北アメリカ、中南米では何が起きていたのだろうか、と比較してみていただくこともできるでしょう。映像のなかには、「ビートルズ旋風」「ゲバラの国連演説」「ポーランド一九七〇年一二月事件」などめずらしい映像も含まれています。

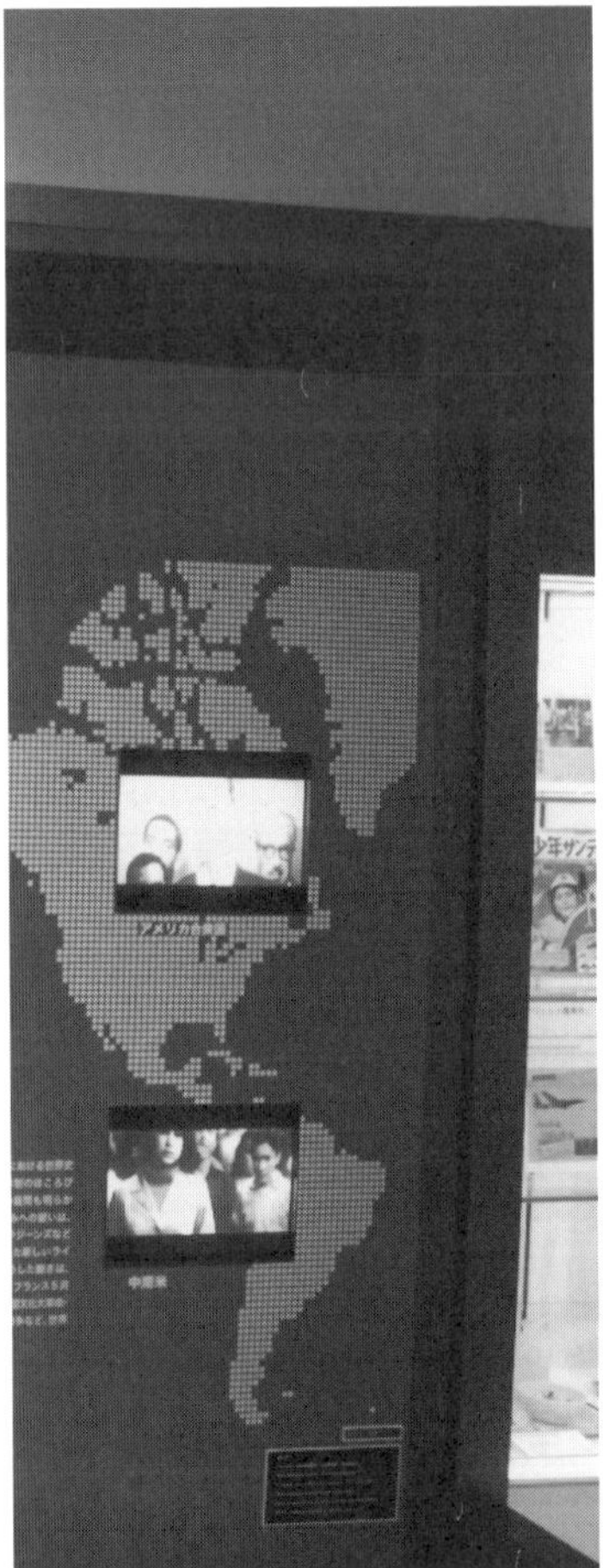

またコワくなる警察官

デートも邪魔する警職法！

……例によって、また騒ぎである。文化人が反対し、社会党が反対する警察。政府。結局いつものお定りの良な国民が野球だ行楽のシーズンだ夜盗のように最後の一線が越えられ

〝ここ過ぎて悲しみの町〟

なぜあなたのデートまで邪魔されねこれは、その特別レポートである。

恋人の前で手錠！

——その日、京都市下京区西七条に住む、国鉄職員の石本修一氏は、幸福そのものだった。なぜなら、見合をしたばかりの小林美津子さん（仮名）と、はじめてデートして、すっかり意気投合したからだ。

夕方近く、二人は新京極の東宝劇場に入った。劇場のなかは満員だった。二人は通路に立って、そっとお互いの手の感触をたしかめあった。十分の休憩時間が終って、ふたたび二人が通路に立ち、スクリーンに見入りはじめてからしばらくたったとき。

石本さんは、制服をきた巡査

「またコワクなる警察官」（『週刊明星』〈平凡出版〉1958年11月９日号掲載記事より）歴博所蔵

映像展示「世界史のなかの1968年」（歴博所蔵）
前後の年を含めて、世界各地の様々な出来事が映像で紹介される。

(4) 中流階級化としての戦後

「戦後日本」を考える第四のテーマが、「中流階級化としての戦後」です。

一九五〇年代後半から六〇年代前半にかけて、「三種の神器」(白黒テレビ、電気洗濯機、電気冷蔵庫)がいちじるしい普及をとげました。また六〇年代半ばごろからは、カラー・テレビ、乗用車、ルーム・クーラーの三つが英語の頭文字をとって3Cとよばれ、「中流階級化」の指標となっていきます。自分を「中」(人並み)と感じる「中流意識」は、一九五五年(昭和三〇)前後から増大し、一九七五年(昭和五〇)ころにはピークに達しました。テレビCMはそれぞれの時代のありうべき生活のイメージを映し出してそのモデルを提供します。しかし社会のなかには閉山で追われていく炭鉱労働者の家族や下層社会に沈殿していく人びとも少なくなかったのです。中流階級化の外部からの視線には、この時代はどのようなイメージとして映っていたのでしょうか。

〔展示資料〕1　赤羽台団地

団地とは公団住宅の略称で、一九五五年(昭和三〇)に発足した日本住宅公団(現住宅・

都市整備公団）によって建設された集合住宅を指します。戦後日本の住宅不足、特に産業の都市集中にともなう都市勤労者の住宅需要に対応するため、大量で良質の耐火集団住宅が建設されました。日本住宅公団設立から昭和の終りまでに、一二六万戸が建てられました。そこでは西欧風の椅子式の生活と「食寝分離」が実現されていきました。一戸の平均面積は四〇㎡に限られ、台所と食堂を兼用するダイニング・キッチンと六畳・四畳半の二間からなる2DKが標準でした。抽籤に当った人びとは、あこがれの風呂と水洗トイレのある生活、洗濯機・冷蔵庫・テレビのある生活を手にすることになりました。

今回、「戦後の生活革命」で実物模型として再現した「赤羽台団地」は、一九五九年（昭和三四）に建築がはじまり、六二年に入居が開始されました。東京オリンピックの直前です。1Kから4DKまでのランクがあり、合計三三七三戸を収容するマンモス団地でした。またそこには、小中学校や公園、さらに共同スペースや商店街ももつ巨大な町が作られていったのです。

こうした団地に住む人びとは「団地族」とよばれました。多くは大企業や官庁に勤める核家族のインテリ・サラリーマン家庭で、のちには「夫婦共稼ぎ」のために「カギっ子」という言葉や、教育熱心なため「教育ママ」という流行語も生れました。同時代に作られた映画「私は二歳」（大映、市川崑監督）は、核家族を中心とする団地家族と旧来の三世代同居家族の特徴を対比しながら、高度成長期に揺れ動く日本人の精神史が鮮やかに描かれ、また「彼女と彼」（岩波映画、羽仁進監督）は、不幸もないが幸福もない団地という索漠と広がる空間を、現代人の孤独と疎外という文脈のなかにシャープに描いていました。いまから見れば、これらの作品がともに一九六二〜三年であったのは象徴的でした。この二作はともに「中流階級化としての戦後」のタッチパネルに収録しています。このように今回の団地の展示は、「中流階級化としての戦後」と合わせて見ていただくことによって、その重層的な意味を考えていただくことが出来るのではないでしょうか。

赤羽台団地再現模型（歴博所蔵）

［展示資料］２　テレビスタジオ再現模型とテレビＣＭ

テレビＣＭは、時代を映す鏡といえるでしょう。高度経済成長期のテレビＣＭは、一九六〇年代のテレビ草創期から、六〇年代後半から七〇年代前半の転換期をへて、一九七〇年代後半以後まで、それぞれの時代のイメージが表現されています。草創期がおずおずとした上昇気流の表現をもって、夢の時代を展望するものであったとすれば、転換期は「大きい事はいい事だ」に象徴される高度成長全開の絶叫から、一転して「ビューティフル」に象徴されるスローライフへのすすめに反転した時代でした。一九七〇年代なかば以後は、商品の宣伝そのものからは自立した独自のイメージと言葉を駆使した表現によって、時代の深層にある人びとの意識をあざやかに表現した作品をつくっていきました。

ＴＶ草創期―夢の時代への上昇―

高度成長期は、テレビの草創期にあたります。この時期のＣＭの主流は、庶民の切実な夢であった家庭電化を中心に、アメリカをモデルにした生活の作り替えを提案するものでした。そのなかで「サントリー」のＣＭは、独自の批評性をもって人びとの眼をひきました。「トリスを飲んで／『人間』らしくやりたいナ／『人間』なんだからナ」という広告が『朝日新聞』に載ったのは、一九六一年二月です。この年の「駅売りウイスタン」の夢は、「トリスを飲んでHawaiiへ行こう！」へ広がっていきました。海外旅行など、夢のまた夢であった時代であったのです。庶民のささやかな上昇の夢がテレビのなかに踊っていた時代といってよいでしょう。また「洋傘の骨」はアイデアルのＣＭ。内容は「何である」との掛け言葉にすぎないのですが、何よりも人気タレント、植木等の個性によって大ヒットしました。

転換期──①高度成長と新しい時代感覚

一九六〇年代半ば以降、テレビＣＭは、マイホーム主義を充実させるためには、モノを限りなく買いそろえることだと、確信に満ちたメッセージを送り続けました。その流れは「大きいことはいい事だ」（一九六八）で一つの頂点に達します。それは今では、どこの何という商品のＣＭだったかも忘れ、ただ絶叫だけがこの時代の記憶として残っています。またこの時代のＣＭには、新しい時代感覚が表現されました。一九六七年のレナウン「イエイエ」のテレビＣＭは、はじけるようなリズム、実写とアニメーションの斬新な組み合わせという、マイホーム主義とはちがう新鮮な感覚表現で注目されました。さらにパイロット「エリートＳ・ハッパフミフミ」（一九六九）は、金ペンのインクの切れをどう伝えるか。それは意味の一義性の解体というポップ・カルチャーの走りを表現していたといえるでしょう。

転換期──②モーレツ！からビューティフルへ

一九七二年、富士ゼロックスは、小さい横断幕をもつヒッピー風の若者が銀座通りを歩いていくだけのＣＭを作りました。その幕には「Beautiful」とだけ書いてありました。それは

「モーレツ」社会への静かな批評でした。また二人の若者が草原で車を押していく「モービルガソリン・旅立ち」（一九七二）も環境保護と「小さいこと」の大切さというメッセージを伝えています。時代のフィーリングは「モーレツからビューティフルへ」を時代の合い言葉に押し上げていきます。またこの時代には、ドキュメンタリーを組み合わせた「母の国の声」（一九七五）のようなベトナム戦争を素材にした作品も生まれ、古い民衆の言い伝えのなかに、「モーレツ」社会への批評をふくめた「雁風呂」（一九七四）も評判になりました。

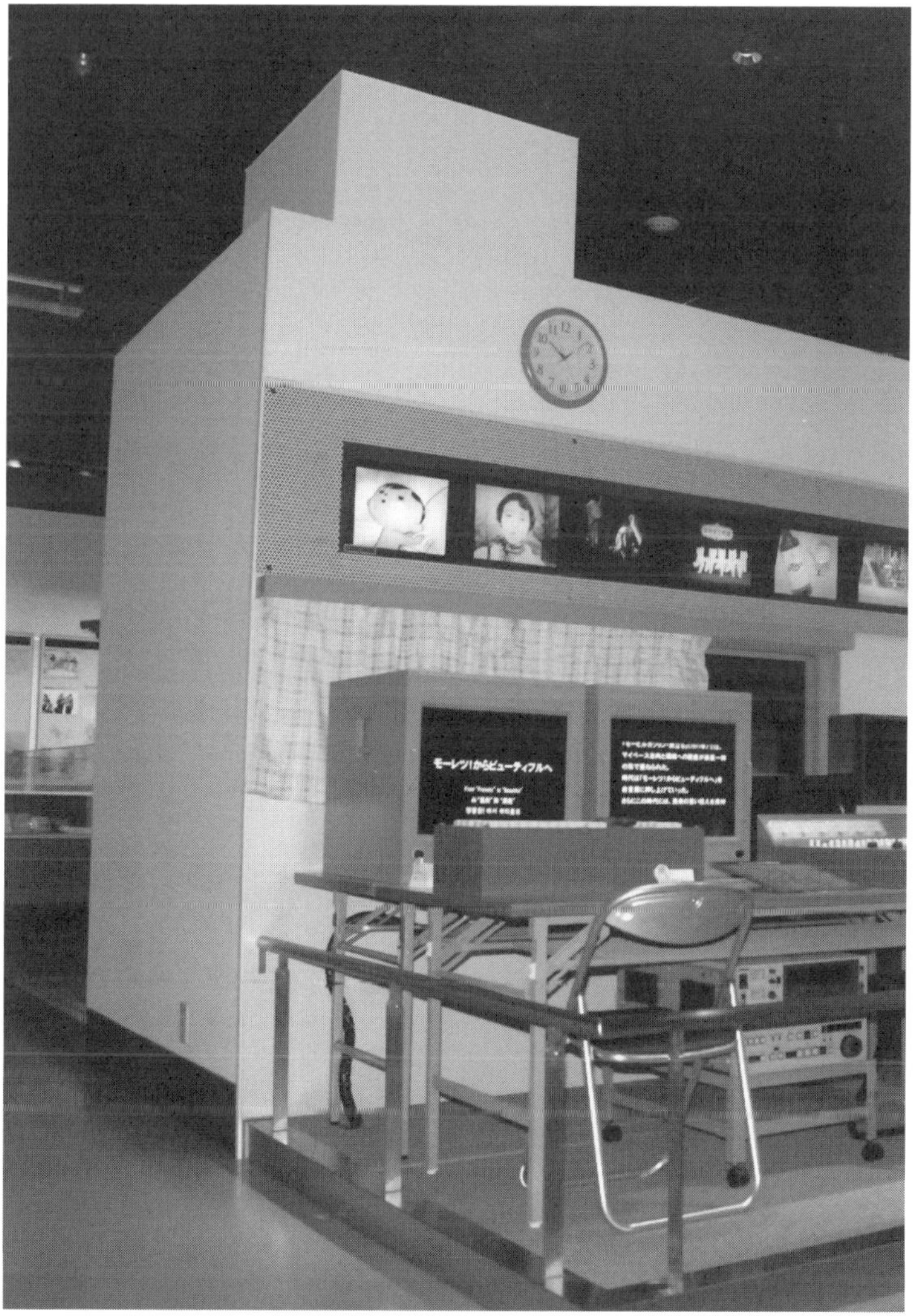

テレビスタジオ再現模型とテレビＣＭの映像（歴博所蔵）

第3期──①経済大国という「自信」

一九七〇年代後半、省エネと産業構造の転換によってオイルショックをのりきった日本経済は、経済大国への道を進んでいきます。「ジャパン アズ NO.1」はひとつの時代精神を表象する言葉になります。松下電器の「英会話」(一九七二) は、日本人の話す英語の方が、「外国人」の話す英語より発音が正しいという転倒を、ナンセンス・コメディのように提示して、経済大国にのし上がった日本を表現しました。これは「フジ三太郎」(『朝日新聞』) にも取り上げられ、戦後の民衆意識の転換点を表示しているともいえるでしょう。またこの「自信」は、あらたに「日本」再発見の欲望をともなっており、それは「Discover Japan」とも響き合っていくことになります。

第3期──②浮上する深層意識

一九八〇年代、日本経済はバブルにむかって登りつめていきます。この時代の広告は「不思議、大好き」(西武、一九八一) や「おいしい生活」(同、一九八二) などに象徴されるように、広告言語を洗練させ、独自の表現世界を創っていきました。「フジカラープリント・お名前」(一九八〇) は、岸本加世子と希木希林の漫才風のやりとりがヒットし、「それなりに写ります」が流行語となり、「金鳥ゴン・町内会」(一九八六) の「亭主元気で/留守がいい」が爆発的な流行語となりました。それはコメディ風の構成のなかに、それまで隠れていた人びとの深層意識を浮上させ、「中流階級」の無意識を表現したからです。ＣＭの世界は、ここまできて人びとの言語秩序をゆさぶり、文化感覚を変容させていく力をもつことを示すことになったのです。

［参考文献］　天野祐吉・島森路子・笠原ちあき編『広告批評大全』マドラ出版、一九八七、天野祐吉「サントリー宣伝部」、江藤文夫ほか編『講座コミュニケーション４』（大衆文化の創造）研究社、一九七三

［展示資料］　３　アメリカ版ＴＶガイド

日本のテレビ草創期である一九五〇年代後半から六〇年代は、アメリカ製テレビ映画の全盛期でした。そのピークは一九六一年一〇月。一週間に六〇本のアメリカ製テレビ映画が放映されています。西部劇が最も多く、「パパ、ママもの」「スリラーもの」などが続く。それは本国アメリカとほとんど同時進行でした。今回の展示では、アメリカ版「TV GUIDE」のなかから同時進行の話題作をパネル化しました。その作品は、「ラッシーと名犬リンチンチン」(Lassie & Rin Tin Tin, 1955.7.2)、「パパは何でも知っている」(Father Knows Best, 1958.6.14)、「アイ・ラブ・ルーシー」(Luclle Ball, 1958.7.12)、「ボナンザ」(Bonanza, 1963.3.30)、「奥様は魔女」(Elizabeth Montgomery of "Bewitched", 1964.11.28)、「逃亡者」(The Fugitive, 1965.3.6) などです。

［展示資料］4　流れゆく人びとの記録

高度経済成長の時代は、列島規模で「人の移動」が起った時代でした。日本経済の労働力需要に吸引され、集団就職とよばれる新規学卒者の都会への移動がつづきました。農村では、農業基本法以後、急速に都会への「出稼ぎ」労働が増加し、工事現場を転々とする人びとも増えていきます。またエネルギー革命の結果、かつての基幹産業であった石炭産業は次々と閉山に追い込まれ、失業した坑夫たちは炭住をあとに全国に散らばっていきました。さらに山谷・釜ケ崎・横浜寿町などには、多くの流民たちが集住して、経済成長を支えるとともに、時には大規模の暴動なども起ったりした。また一九七〇年代には、「出稼ぎ」の人びとが突然姿を消す「人間蒸発」も注目されました。今回の展示では、いまも筑豊に住む山口勲さんの写真集『ボタ山のあるぼくの町』と『写真万葉集　筑豊』からパネルを構成することにしました。

［参考文献］　釜ケ崎共闘会議・山谷現場闘争委員会編集委員会編『やられたらやりかえせ』田畑書店、一九七四年、野本三吉『風の自叙伝』新宿書房、一九八二年、安田常雄「さまざまな人生」（『日本近現代社会の歴史　戦後経験を生きる』吉川弘文館所収、二〇〇三年）、山口勲写真集『ボタ山のあるぼくの町』海鳥社、二〇〇六年。

壁面展示「流れゆく人びとの記録」／写真「リヤカー」(上)、写真「バケツ」(下)（写真＝山口勲、同氏『ボタ山のあるぼくの町　山口勲写真集』海鳥社、2006年、より）

［展示資料］5　ハングルで書かれた坑内案内版

　この資料は、生前、上野英信氏が見つけてきたものです（上野朱氏所蔵）。そこには「坑口」を表示するハングル文字が記されています。それは戦前から戦後にかけて、多くの朝鮮人労働者が働いていた刻印をいまに伝えています。

　上野英信（一九二三〜八七）は山口県生まれ。一九四五年（昭和二〇）、学徒召集中の広島で被爆。京大文学部を中退し、筑豊に入り鉱夫として働きながら、労働運動・文化運動の組織者として活動しました。一九五八年には谷川雁、森崎和江らと『サークル村』を創刊し、民衆のなかから自立した記録と文学を生み出す仕事に取り組みました。初期の民話風の『せんぷりせんじが笑った』（一九五五）、『親と子の夜』（一九五九）にはじまり、『追われゆく坑夫たち』（一九六〇）、『地の底の笑話』（一九六七）では「黒い羽運動」下の炭坑労働者の悲惨と生身の人間像を描き、『天皇陛下万歳』（一九七一）では「爆弾三勇士」の炭坑出身者と被差別部落問題との接点を追究しました。また炭坑離職者を追って南米に調査した『出ニッポン記』（一九七七）、沖縄からメキシコ、キューバへと渡った労働者と家族のすぐれた記録『眉屋私記』（一九八四）などを執筆しました。六四年以来筑豊に残る自宅を「筑豊文庫」として人びとに開放するとともに、すでに忘れられた筑豊の労働と人びとの姿を復元する仕事をつづけ、『写真万葉集　筑豊』全一〇巻（一九八四〜八六）を完成させました。手帖の切れ端に書いた「筑豊よ／日本を根底から／変革するエネルギーの／ルツボであれ／火床であれ」が絶筆となったといわれています。

上．ハングルで書かれた坑内案内版（提供＝上野朱氏、歴博所蔵）
下．雑誌『サークル村』（提供＝上野朱氏、歴博所蔵）

［展示資料］6　子どもたちのヒーロー・ヒロイン

戦後日本という時代は、映画、雑誌、ラジオ、テレビなどのメディアの急速な発達とともに、多くのヒーローやヒロインが生れました。それは子どもの夢の表現でした。昭和三〇年前後の少年少女雑誌ではあんみつ姫や赤胴鈴之助などが人気者となり、スーパーマン、月光仮面、名犬ラッシーなどがテレビのヒーローとなってゆきます。ディズニー・アニメも魅力的でした。また一九五一年に始まる鉄腕アトムは、連載一八年、再三ＴＶアニメ化された戦後最大のヒーローの一つでした。ゴジラも高度成長期には子どものアイドルとして活躍し、それはウルトラマンに引き継がれていきます。それはキャラクター商品やコミックス、ゲームなどと相まって大衆消費文化を見事に体現していったのです。

子どもたちのヒーロー・ヒロインと玩具の数々（歴博所蔵）

［補足展示資料］7　水俣病関係資料①見舞金契約

※この水俣病関係資料は、高度経済成長のコーナーにおかれているものですが、「高度成長の光と影」を表象するものとして、ここで解説することにしたいと思います。

ここでは日本における四大公害裁判の一つであり、一九七二年六月、ストックホルムで開かれた国連主催の国際環境会議で、直接患者によってその悲惨さが語られ、国際的にも大きな反響をよんだ熊本水俣病問題に焦点をあてることにします。

戦前の日本経済を支えた大企業の一つのタイプに「新興財閥」があります。日本産業、日本曹達《ソーダ》、そして日本窒素《チッソ》などがその代表です。これらの企業は、日本における民間重化学工業の先駆けの一つで、日本産業と満州、日本窒素と朝鮮、日本曹達と台湾というように、植民地などと密接な関係をもっていました。ここでは日本近代産業の発展の特質という文脈で、日本窒素の歴史を概観しましょう。

日本窒素の前身は、一九〇八年（明治四一）、野口遵《のぐちしたがう》によって設立された日本窒素肥料株式会社です。この年、水俣工場が完成。カーバイトを原料とし、空気中の窒素を吸収化合して窒素肥料をつくる特許を買収し、本格的な電気化学工業に着手しました。その後朝鮮半島への進出を契機に、新興コンツェルンとして大きく発展し、満州国との共同事業も試み、華北から南方・台湾への進出をもめざしました。水力発電による安価な硫安生産、日本人労働者との賃金格差による安価な朝鮮人労働力の活用などがこの発展を支えたのです。一九四五年（昭和二〇）の敗戦とともに海外資産のほとんどを失いますが、一九五〇年、新日本窒素肥料株式会社として再建され、その後一九六五年にはチッソ株式会社へ社名を変更しました。

水俣病の正式発見は、一九五六年（昭和三一）五月といわれています。その原因をめぐって多くの説が乱れ飛ぶなか、患者はどんどん増えていきました。そうしたなかで、一九五九年（昭和三四）、不知火海沿岸の漁民の工場乱入が起こり、患者たちは「患者家族互助会」（前年結成）に結集して補償金を要求することになります。しかし生活の苦しさと孤立した闘いのなかで斡旋案に調印せざるを得なかったのです（見舞金契約）。そこでは、発病から現在（死亡者は死亡時）までの年数に大人一〇万円、未成年者三万円をかけた金額が基礎となり、死者には弔慰金三〇万円、葬祭料二万円が加算され、生存者には、以後年金として、大人一〇万円、未成年者三万円の金額が提示された。さらに将来、水俣病が工場排水に起因することが決定した場合においても、新たな補償金の要求は一切行なわない、という一項が含まれていました。これによって水俣病問題は決着したとみなされたのです。

［補足展示資料］8　水俣病関係資料②「怨」の旗、巡礼姿

一九五六年に最初の患者が発見されていた水俣病は、一九五九年の漁民暴動と見舞金契約

水俣病被害者による抗議のデモ（写真＝宮本茂美）

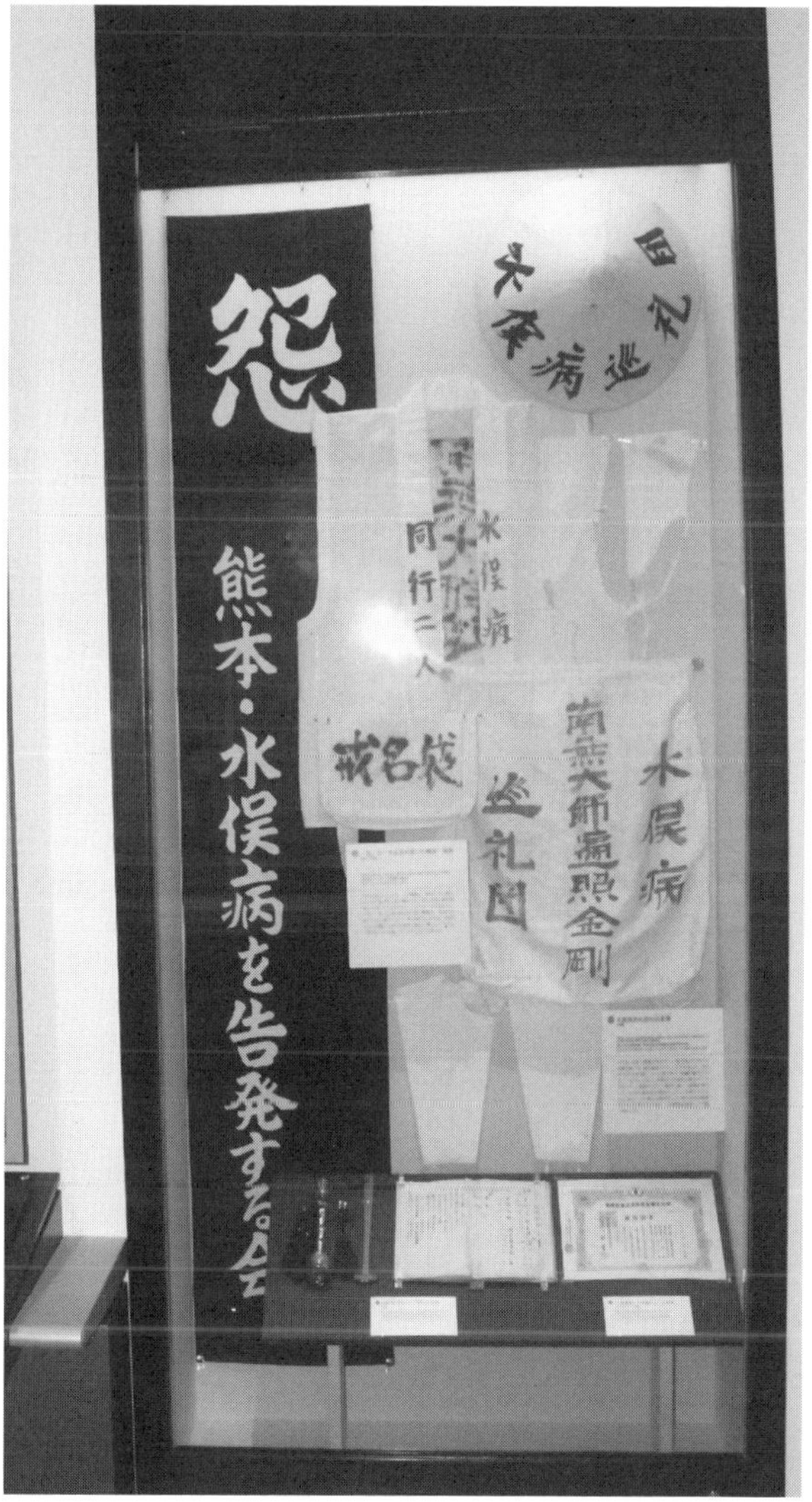

水俣「怨の旗」と巡礼衣装、御詠歌の教本（歴博所蔵）
（提供：巡礼衣装一式＝坂本フジエ氏、しのぶ氏、御詠歌教本ほか＝日吉フミコ氏）

によって、「決着」したと見なされていました。しかしこの間も患者の数は増加の一途をたどっていたのです。一九六五年六月、新潟の阿賀野川流域でも水俣病が発見され、六七年四月厚生省は、昭和電工の工場廃水が原因と発表しました。こうした状況のなかで、熊本でも無視と黙殺の時代をくぐり、企業への抗議から訴訟へと進んでいくことになります。一九七〇年、患者たちは、大阪のチッソ株主総会に抗議にむかうことになります（「一株運動」）。同年一一月二四日、水俣病患者高野山巡礼団一九名は、菅笠《すげがさ》に白木綿の手甲脚絆と袖なしの笈摺《おいずる》、頭《ず》陀袋《だぶくろ》を身につけて水俣駅を出発しました。輪袈裟《わげさ》のかわりに、水俣病患者巡礼団と墨書した白い襷《たすき》をかけていました。「大阪駅ははじけるような雑沓だった。（中略）ふかいかげりをひそめた白い蓮華が、微風を従えて静かに漂いゆくかのような一団だった。大阪市街の雑沓も喧騒も消えうせ、怨の一字を染め抜いて、ゆるやかに流れる幾筋かの黒いのぼり旗も、この世の無明《むみょう》の中に、つかのま、浮上した象《かたち》のようにみえる」と石牟礼《いしむれ》道子《みちこ》は記録しています（『苦海浄土』第2部、藤原書店、二〇〇六年）。「怨の旗」と「巡礼」姿で詠われるご詠歌は、死者も含めた患者たちの近代文明への深い疑いの象徴であったのです。

今回の展示では、坂本フジエさんとしのぶさんから巡礼衣装一式を、元水俣市民会議の日吉フミコさんからは、御詠歌の教本（『高野山金剛流御詠歌教本』）、御詠歌用鈴鉦および撞木、チッソの株券などを寄贈していただきました。

(5)「忘却」としての戦後

さて「大衆文化を通してみる戦後日本」の最後のコーナーは、「忘却としての戦後」です。戦後日本を支えてきたのは戦争の経験でありました。しかし昭和三〇年代には「戦争体験の風化」がすすみ、戦争は一面でしだいに忘却の中に埋め込まれていったと思われます。大衆文化ではノスタルジー的な戦争映画が復活する一方、一九五四年(昭和二九)に水爆実験から生れたゴジラは、原発の放射能を求め、核をもてあそぶ現代人への警告を含んで、大衆消費社会のなかを生きつづけていきます。また植民地経験は、かろうじて僅かの作品のなかに断片としてその記憶を保っているということができるでしょう。戦争と原爆、植民地経験が忘れられていく力と、忘れてはならないという力とのせめぎあいに、戦後日本の特徴が示されていると思われます。

なおこのコーナーのタッチパネルのなかには、原爆・戦争・植民地に関する映画やドキュメンタリーの映像の短縮版が多数収録されています。なかでも大島渚「忘れられた皇軍」(NTV、一九六三年)、吉永春子「未復員」(TBS、一九七〇年)などがこのテーマを考える貴重な映像です。また今回、吉永春子氏には新たな短縮版を、新藤兼人監督には「原爆の子」「第五福竜丸」の六分バージョンを新たに製作していただきました。

【参考文献】 ゴジラについてはすでに多くの文献があるが、ここではその最も傑出した議論の一つとして、中沢新一「ゴジラの来迎」（『中央公論』一九八三年一二月号、のち中沢新一『雪片曲線論』青土社、一九八五年所収）にふれておきたい。

この論文の第一の特徴は、ゴジラの特性を二〇世紀科学史に明確に位置づけたことである。二〇世紀科学には、ルドルフ・シュタイナーが探究した「オカルト科学」とフランシス・ベーコンに象徴される「スキゾ科学」の流れがあり、それらはそれぞれ「天使性」と「怪物性」を追究した。「私たちはゴジラという怪獣のなかに、『スキゾ科学』と『オカルト科学』のたぐいまれな結合を見出すことになる。もっとも現代的な可能性を持った知のかたちであるこのふたつの『科学』が結びついていることによって、ゴジラは現代という黙示録的時代の聖獣として不思議な予見にみちた波動を送りつづけている、と思われるのだ」。ゴジラは一方で破壊とカタストロフを象徴する巨大怪獣であるとともに、他方で「未熟性」と「幼児性」を感じさせる存在でもある。巨大爬虫類が「しずしずと不器用に進んでいくさまは、私たちの内になんともいいがたい、いとおしい感情を呼びさます」（傍点原文）。この両面はともに「ノーマルな器官的身体」（社会・文化・秩序など）からの逃走線を示すことによって「根源的自由」というものを捉えようとしていたのだ。

その上で、論文はゴジラが表象する逃走線の現代的意味を次のように捉える。まずキング・コングとはどう違うのか。「ゴジラによる東京の大破壊はニューヨークにおけるキンギ・コングのひと暴れとはまったく趣を異にする黙示録的な荘厳さ、暗さを備えることになっている」。キング・コングは「最初から自然の力のメタファー」であり、「地理的な『周縁』から連れてこられた『自然』の力の、文化秩序に対する侵犯を意味していた。キング・コングは文化／自然、秩序／暴力、中心／周縁のような説話的二元論の構図を前提にし、その構図のなかで大騒ぎをひき起こす大猿なのだ」。そして空軍の銃撃によって地上に落下していく。そこには「攪乱分子を取り込みながら、たえず『ツリー状』の都市の想像的秩序を更新していこうとする、古典的都市論が反映されている」。

「だがゴジラの東京破壊には、このような二元論的構図を感じ取ることができないのだ。ゴジラはその巨大な体と、口から吐き出す放射熱線によって防衛線をつぎつぎと突破して荘厳に（ほとんど音もなくといった方がよいだろう。最近では大友克洋の『童夢』がこういう荘厳な都市破壊のイメージをあざやかにしめしてくれた）破壊し尽くしていくのである。そこでは、何か異質な力が都市に侵入し、それによって都市の秩序が重大な攪乱を受けていく、という感じがあまりない。都市が何者かによって破壊されていくというより、都市自らがゴジラを『よりまし』にしながら自分の本性をあらわにしめしているようにさえ思える。文化と自然、秩序と暴力、法と欲望の二元論的構図を背景とする『ツリー状』の都市ではなく、たえざる流動性や自己解体を原動力にする都市のメタファーが、ゴジラによるその破壊にほかならない」。その意味で「ゴジラは都市の異物ではなく、都市の潜在的な『ランドスケープ（景観）』なのだ。だからゴジラは来襲するのではなく、黙示録的な暗さを背負いながら都市に来迎すると言った方が、ふさわしい」。

論文は最後に現代における核兵器と資本主義の「スキゾ的」性格への言及で締め括られている。同氏には他に「GODZILLA 対 ゴジラ」（『新潮』一九九八年九月号）があり、またゴジラ映画の概説および制作現場からの報告として、冠木新市企画・構成『ゴジラ映画四〇年史 ゴジラ・デイズ』（集英社、一九九三年）、川北紘一特別監修『平成ゴジラ クロニクル』（キネマ旬報社、二〇〇九年）が有益である。

［展示資料］ 1　原爆体験の解禁から第五福竜丸

占領直後からGHQは検閲体制をしき、とくに原爆にかかわる記述は厳重にチェックされました。多くの原爆体験が消え、人びとも原爆を具体的にイメージすることはできませんでした。占領が終わった一九五二年（昭和二七）夏、『アサヒグラフ』（八月六日号）は「原爆被害の初公開」を特集しました。反響はすさまじく七〇万部が発行されました。それから二年たらずの一九五四年（昭和二九）三月一日、マーシャル群島ビキニ環礁におけるアメリカの水爆実験で、静岡県焼津市のマグロ漁船「第五福竜丸」が被爆する事件が起きます。放射能をあびた久保山愛吉無線長が死亡しました。政府が調査を打ち切る一二月末までの入港検査で漁獲から放射能が検出された遠洋マグロ漁船は、全国で延べ八五六隻を超えたといわれます。マグロの放射能汚染が問題視され、降雨からは異常な放射能が検出され、飲料水や農作物の汚染なども問題となりました。この事件は世論に大きな衝撃をあたえ、原水爆禁止運動の発火点となりました。

また第五福竜丸被爆地点からわずか二〇キロ東のロンゲラップ島でも住民は死の灰をあびました。その後、放射能被害は死産・流産、被爆児、甲状腺異常などとしてあらわれます。一九八四年、島の人びとは移住を決意し、島を離れ、島には墓と教会だけが取り残されました。

［参考文献］　豊崎博光『グッドバイ ロンゲラップ』築地書館、一九八六年、川名英之『ドキュメント 日

邦人漁夫、ビキニ原爆実験に遭遇

23名が原子病

一名は東大で重症と診断

水爆か

「死の灰」つけ遊び回る

恩賜賞に沼田氏

芸術院賞八氏も決る

生命に危険あり

焼けたゞれた顔

グローブのような手

第一次読売湯川奨学基金

総計 五百四十一万五円

東大で精密検査

ジェット機、駅へ墜落

保線区員ら12名負傷

夜の女殺さる

工場など11むね焼く

森永紅茶

文明堂のカステラ

天下一 ソロバン

トモエ算盤

二眼レフの決定版

アイレスフレックス

普及型 MODEL IV 現る！

ビキニ環礁における米水爆実験と、第五福竜丸の被爆を報じる新聞記事（提供＝読売新聞社）

本の公害』第4巻、緑風出版、一九八九年、堀場清子『禁じられた原爆体験』岩波書店、一九九五年、『AERA 原爆と日本人』(戦後五〇年記念増刊)№三六、一九九五年八月一〇日号、朝日新聞社　武田晴人『高度成長』岩波新書、二〇〇八年

[展示資料] 2　大あばれゴジラ(『少年少女おもしろブック』一九五五年六月号付録)

漫画家杉浦茂は、戦前から田河水泡の薫陶をうける形でデビューし、戦後には「猿飛佐助」(一九五〇)、「アップルジャム君」(同)、「少年西遊記」(一九五六)、「少年児雷也」(同)などを発表し、当時子どもにもっとも人気のあった漫画家の一人でした。ここでゴジラは、海底に眠っていた同類の怪獣をつれて、東京上陸をめざすのですが、巨大なアドバルーンに阻まれてしまいます。そのスキに子どもたちは、みな逃げてしまった東京の町で、勝手にパン屋などに入り込み、お菓子やアイスクリームを好きなだけ食べることができたのです。その間、ゴジラは怪獣とプロレスごっこで遊んでいます。東宝映画「ゴジラ」が恐怖の象徴だとすれば、杉浦茂のゴジラの特徴は驚異と親密さにあり、この両面は大衆文化としてのゴジラの特徴をよく表現しています。

[参考文献]　四方田犬彦「子供たちのラブレー」、図録『杉浦茂―なんじゃらほいーの世界』三鷹市美術ギャラリー、二〇〇二年。

[展示資料] 3　「ゴジラ」立像

一九五四年（昭和二九）一一月三日、日本最初の怪獣映画が封切られ、円谷英二の優れた特撮技術もあって大ヒットしました。この年は三月一日に起った第五福竜丸事件に端を発したビキニ水爆実験が、大きな社会問題になっていた年でした。太古の恐竜が南太平洋の水爆実験によって眠りをさまされ、首都東京を襲うという映画「ゴジラ」の構成は、核兵器反対のメッセージを鮮明に打ち出しました。全長約五〇mと設定されたゴジラは、品川沖に上陸、火炎を吐いて銀座を破壊し、国鉄の電車を食いちぎり、国会議事堂へむかいます。ゴジラの東京破壊は、約一〇年前の空襲の記憶と原水爆への恐怖が二重に重なってイメージされました。眼に見えない放射能を、ゴジラという眼に見えるモノで形象化する大衆文化の威力が存分に発揮されました。以後、ゴジラは高度成長期から二一世紀の今日まで、核がある限り、日本上陸をくりかえすことになります。

今回展示したこの「ゴジラ」立像は、一九八四年版「ゴジラ」を基礎に造型されています。八四年版は五四年の初代「ゴジラ」への原点回帰を目的に作られました。それは高度成長期には子どものアイドルとして愛好されたゴジラ表象を、再び「凶暴さ」を具有する存在に返す試みでもありました。合わせてそこを起点にいわゆる「平成ゴジラシリーズ」が創られていきました。今回の「ゴジラ」立像では、背景として経済大国化した新宿副都心夕暮れに設

杉浦茂・作／漫画「おおあばれゴジラ」の展示パネル（『少年少女おもしろブック』1955年6月号付録より）©杉浦勉　歴博所蔵

「ゴジラ」立像（TM&Ⓒ1984　東宝）歴博所蔵

定しました。本作品は、東宝映像美術、小林知己氏の遺作となってしまいました。

［展示資料］4　「島クトゥバで語る戦世」

沖縄戦の経験は、さまざまな記録や資料によって活字化され、貴重な戦争体験を語りつぐ素材となってきました。しかしその標準語で書き起こされた記録が、沖縄戦総体をどのくらい伝えることになっているのだろうか。沖縄在住の写真家、比嘉豊光氏はこの疑問をもって、沖縄戦の経験者たちに「島クトゥバ」で語ってもらい、それをビデオ撮影して記録してきました。すでに九五〇人の撮影が終わっているといわれます。「島クトゥバ」で語るとき、沖縄のおじいやおばあは、表情も生きいきとし、沖縄戦の細部がアクチュアルに復元されてゆきます。それは一人ひとりにとってシマという共同体での暮らしの全体であり、身体的経験であったからである。ここではあえて字幕をおかず、その語りや身ぶり、表情、しぐさなどの全体とむきあってほしいと考えています。それは、戦争体験の伝えにくさをあらためて自覚し、戦争を表象する意味を再考し、その「忘却」に抗する道すじを考える一歩になるかも知れないからです。なお字幕付き映像は、本館ビデオブースにありますので、比較して見てもらいたいと思います。

［参考文献］『島クトゥバで語る戦　世《いくさゆ》―100人の記録』琉球弧を記録する会、二〇〇三年、『戦争と記憶―島クトゥバを語る戦世～500人の記録～』ゆめあーる、二〇〇五年、屋嘉比収『沖縄戦、米軍占領史

を学びなおす』世織書房、二〇〇九年。

「島クトゥバで語る戦世」より（歴博バージョン映像＝比嘉豊光氏〈琉球弧を記録する会〉）

タッチパネル収録映像作品解説

【喪失と転向としての戦後】

(1) 喪失としての戦後

「浮　雲」一九五五年(昭和三〇)

制作:東宝

監督:成瀬巳喜男

原作:林芙美子

配役:高峰秀子・森雅之・岡田茉莉子

原作は林芙美子。戦争中、仏印ダラットで愛し合った思い出を唯一の頼りに、戦後の激動の時代を生きた男女の愛憎の物語。別れては出会い、出会えば非難し、軽蔑しあい、傷つけ合いながら、めんめんと続いていく「喪失」としての戦後。そしてゆき子が富岡の赴任先の屋久島で息を引きとるという結末は、ダラットへの回帰という幻影かも知れない。男女の苛酷な物語が、戦中から戦後の日本の運命と交錯し、戦後日本の鮮やかな陰画像を作りあげた。ロケと精緻なセット美術によって再現された敗戦直後の風景のリアリティや、富岡とゆき子を演じた森雅之、高峰秀子の心の底にたまった苦渋を吐き出すような演技などによって、比類ない完成度の高さを達成し、成瀬巳喜男の最高傑作となった。

(2) 転向としての戦後

「日本の悲劇」一九四六年(昭和二一)

制作:日本映画社(日映)

監督:亀井文夫

戦前から「上海」や「戦ふ兵隊」で知られたドキュメンタリー作家、亀井文夫の作品。GHQのD・コンデの依頼によって製作された。亀井は「日本ニュース」の映像を編集し、昭和の戦争の通史を描いた。そのラストに近く、「軍服の天皇」から「背広の天皇」へ徐々にオーバーラップしていく天皇の姿の「変身」が映像化された。映画は一九四六年（昭和二一）五月に完成し、検閲も通過した。大手の会社は配給を拒否したが、地方館での封切で記録的なヒットになった。しかし、GHQは再検閲の結果、許可を取り消し、映画は一週間で上映禁止になりフィルムは没収された。背景にGHQの内部対立や日本の政治家の働きかけが示唆されている。こうしてこの映画は、一度は公開されながらGHQによって上映を禁止された唯一の映画となった。

［参考文献］亀井文夫『たたかう映画』岩波新書、一九八九。平野共余子『天皇と接吻―アメリカ占領下の日本映画検閲』草思社、一九九八。

「**秋津温泉**」　一九六二年（昭和三七）

制作：松竹
原作：藤原審爾
監督：吉田喜重
配役：岡田茉莉子・長門裕之

戦争の末期、結核を病み、死に場所を求めていた一人の青年が、山中の温泉にかつぎこまれた。敗戦になり、温泉の経営者の娘、新子の介抱もあって、青年の病いは快方に向っていった。二人は純粋な気持ちで愛し合い、将来に希望をもとうとした。吉田監督は、新子を、走り快活に笑う人というイメージで描き出し、戦後の象徴と形象化している。しかし社会が安定していくにつれて、青年は俗物に成り下がり、それに絶望した新子は自殺する。その意味で、新子の死は戦後の死、戦後日本人の変貌のなかで戦後が死んだことを表現している。この「戦後転向」の物語は、戦中戦後の日本人の精神史の一面を鮮やかに描き出した。

［参考文献］佐藤忠男『日本映画史』3、岩波書店、一九九五。

「**飢餓海峡**」（予告編）　一九六四年（昭和三九）

制作：東映
原作：水上勉
監督：内田吐夢
配役：三國連太郎・左幸子・伴淳三郎・高倉健

この映画の主人公は極貧のなかで成長し、敗戦後犯罪事件に関わる中で巨額の金をえた。逃亡の途中でたまたま会った田舎の娼婦にやすらぎを覚え、金を与えて去る。

のちに男は地方の町で成功者となった。そこにかつての娼婦が、ただあのときのお礼を言いたいためだけに訪ねてくるが、男は自分の過去を知っているただ一人の人物として女を殺してしまう。男は自白せず、現場検証のため北海道に送られる途中、青函連絡船から海中に身を投ずる。成功者として上昇・転向した男にとって、荒涼とした戦後の原風景とは、忌まわしい過去であるとともにやすらぎの場所だったからである。

「懲役十八年」 一九六八年（昭和四三）

制作：東映

監督：加藤泰

配役：安藤昇・小池朝雄・近藤正臣・桜町弘子・水島道太郎

娯楽映画はいつも商業映画として、ある路線のうえで作られる。その意味で、この映画は「刑務所ものヤクザ映画」といえるだろう。しかしスタッフはその制約のなかで、ある主題を追究することも事実である。そのように見ると、この映画は「戦後零年」の原風景から戦後復興にかけて、時流に乗っていく人物と「戦後零年」に立ちつづける人物をめぐる戦後の「転向」のドラマである。部下を戦争で死なせた贖罪のための「遺族会マーケット」の夢が、一大「特飲街」によじれてゆく。「もう、戦後じゃないんだ」「今の世には、今の生き方があるんだ」という言葉と、「俺は変りたくないんだ」という言葉の緊張のなかに、日本の戦後が象徴されている。

［参考文献］『映画脚本家 笠原和夫 昭和の劇』太田出版、二〇〇二。

【冷戦としての戦後】

「誇り高き挑戦」（予告編） 一九六二年（昭和三七）

制作：東映

監督：深作欣二

配役：鶴田浩二・丹波哲郎

この映画は、かつてレッドパージで大新聞から追放された業界紙の記者が、日本企業とＣＩＡの陰謀に気づき、これを暴露しようとするが、体制の厚い壁にはばまれて挫折するという政治的サスペンスである。彼らは東南アジアの反革命軍に武器を密輸しようとしていたのだ。Ｇ

ＨＱに勤務した元日本軍の特務機関員や朝鮮戦争で負傷した黒人兵などがからみ、一九六〇年代にも残る占領の痕跡が描かれる。記者のかけている黒いサングラスは占領の痛みの象徴である。斬新なカメラワークを駆使し、六〇年安保以後の時代の底に流れる「反米」の気分を鮮やかに映像化した。

「帝銀事件・死刑囚」（予告編）一九六四年（昭和三九）

制作：日活
監督：熊井啓
配役：信欣三

帝銀事件とは、一九四八年（昭和二三）、帝国銀行椎名町支店に東京都防疫班を名のった男が訪れ、行員などに毒物を飲ませ、現金一七万円などを奪って逃走した事件である。犯人として画家平沢貞通が逮捕され死刑が宣告された。この事件の真相はその後の長い裁判などを通しても、今日なお闇のなかにある。この映画は、事件にはかつて満州で細菌兵器の開発のため生体実験をやっていた日本軍人が関わっていたこと、占領軍はそれを知りながら、その秘密を守るため日本の警察当局に捜査方針の変更を強いたことなどを、克明な事実をあげて「仮説」として提出した。

「日本列島」（予告編）一九六五年（昭和四〇）

制作：日活
原作：吉原公一郎
監督：熊井啓
配役：二谷英明・宇野重吉・芦川いづみ・鈴木瑞穂

「帝銀事件・死刑囚」でデビューした熊井啓は、松川・三鷹・下山事件、スチュワーデス殺人事件、外国紙幣偽造事件など、占領時代から一九六〇年代まで、日本に起きた謎の事件の裏にはアメリカ占領軍や謀略機関の暗躍があったのではないかという「仮説」を提出した。疑いをもった日本人は謎の死をとげ、疑われた米国人は日本の捜査網を無視して、ゆうゆうと飛行機で本国に帰ってゆく。構想には松本清張『日本の黒い霧』（一九六〇年）の影響も大きく、その無念さが同時代の一角にあった「反米」の気分を支えていた。

【民主主義としての戦後】

「青い山脈」（正続） 一九四九年（昭和二四）

制作：東宝

原作：石坂洋次郎

監督：今井正

配役：原節子・杉葉子・池部良・龍崎一郎

舞台は地方の封建的な小都市。東京から旧制女学校にきた英語教師・島崎雪子「（原節子）は、ラブレター事件をきっかけに、男尊女卑の古い習慣をすて、西欧モデルの近代的男女関係を作ることが理想だと説いて、地元の封建勢力に排斥されそうになる。一方、地元の青年たちは策を弄して彼女を援護する。映画は、封建日本と西欧近代のモラルの対立を、ユーモアも含めて印象的に描き出し、占領軍の方針にのっとった戦後民主主義の啓蒙映画として、大ヒットした。またこの映画の主題歌は、「リンゴの歌」とともに、占領初期の日本人の気分をもっとも鮮やかに表現したものとして、長く歌いつがれていく。

「カルメン故郷に帰る」 一九五一年（昭和二六）

制作：松竹

監督：木下恵介

配役：高峰秀子・小林トシ子・佐野周二

日本映画初のカラー作品として作られ、のどかな牧歌的気分にみちた愉しいミュージカル映画。敗戦後六年目、東京からストリッパーのカルメンが故郷の村に帰ってくる。それはモダンな占領軍の凱旋のようだ。物語はカルメンと友だちが、この「封建的」な農村で巻き起こす喜劇として進められる。同時に世相諷刺と木下監督のメッセージが随所にちりばめられている。二人による浅間高原での天真爛漫な踊りはこの映画のハイライトとなった。「この映画の歌と踊りは、のびのびと安っぽく、さわやかに軽薄で、それがまた、戦後の解放というものの実質にも見事にマッチしているのだ」（佐藤忠男）。それは戦後の民主主義のもう一つの定義ということができるだろう。

［参考文献］ 佐藤忠男『木下恵介の映画』芳賀書店、一九八四。

「カルメン純情す」　一九五二年（昭和二七）

制作：松竹
監督：木下恵介
配役：高峰秀子・小林トシ子・若原雅夫・淡島千影

一九五二年（昭和二七）は占領終結の年であるとともに、再軍備など戦前への逆行の気分が広がっていた年である。この映画はこの時流を、強い危機感をもって風刺劇として描きだした。その象徴が元中将未亡人であり、好機到来とばかりに右翼政党から立候補しようとしている。純情なカルメンは、その婦人代議士の選挙運動に利用されそうになる。カルメンは演説会場の舞台に立たされ「再軍備賛成！」と言うことを期待されるが、「戦争は反対です！」と言ってしまうのである。木下監督はストリッパー、カルメンを戦後の民主主義の庶民代表とおいて「逆コース」への批判を描いた。ストリッパーは浮薄かも知れないが、元中将未亡人らに対して断乎として擁護されなければならないからである。

［参考文献］佐藤忠男『木下恵介の映画』芳賀書店、一九八四。

「愛と希望の街」　一九五九年（昭和三四）

制作：松竹
監督：大島渚
配役：望月優子・渡辺文雄

原題は「鳩を売る少年」、当時二七歳の新人監督の脚本である。川崎の町を舞台に、貧しさのため鳩を売って生計を助ける少年の物語である。少年は、売られた鳩は必ず逃げ帰ってくるという習性を利用し、この詐欺的行為をくりかえす。少年に同情した金持の少女や女教師は、少年の更生に奔走するが、拒否される。エンディングは、川崎の町に放たれた鳩が、少女の兄の猟銃によって打ち落とされるシーンであった。映画会社は「愛と希望の街」とタイトルを変えて上映し、同情と救済のテーマを強調しようとした。しかし、作品は、階級の壁は同情によって越えることはできないことを強烈に訴え、表層的なヒューマニズムや民主主義への疑問を突きつけていた。

「青春残酷物語」 一九六〇年(昭和三五)

制作:松竹

監督:大島渚

配役:川津裕介・桑野みゆき・渡辺文雄

この映画は、当時、世界的に流行した「現代青年の既成道徳に対する反抗」をモティーフに作られた。一九六〇年安保闘争や韓国4月革命を遠景において、その日その日の快楽を生きる若者の群像を描いた。そこには前世代への不信感が色濃く全編をおおっている。それは高度成長で成功した世代への不信であるとともに、「人民のため」というたてまえに寄りかかる戦後革新政治への不信でもあった。こうした不信と反抗のはてに自滅していく青春群像のイメージは、手持ちカメラによる不安定な映像の意図的使用や、官能的な色彩感覚によって鮮やかに定着された。当時、J・L・ゴダール、F・トリフォー、L・マルらのフランスの映画運動と対比され、「松竹ヌーベルバーグ」とよばれた。

「十三人の刺客」(予告編) 一九六三年(昭和三八)

制作:東映

監督:工藤栄一

配役:片岡千恵蔵・嵐寛重郎・西村晃

この映画では、将軍の弟である明石藩主の理不尽な所業は「天下の御正道」に反するとして、老中土井の密名によって暗殺が企てられる。一三人の徒党は綿密な計画を立て、中仙道落合宿で行列を襲う。ズームレンズの卓越した活用が緊迫感を高める。その集団殺戮を通して、支配は狡猾に永続していくことをリアルに描き出した。泰平の安楽のなかにいる侍に何ができるのか。決起をめぐって提出されるこの問いは、高度成長の泰平のなかに安住する日本人への問いかけとなって響いていた。その意味でこの映画は時代劇の形をかりた現代の政治映画であり、六〇年安保の敗北とその後の閉塞状況が深い徒労感とともに描き出された。

「瀬戸内少年野球団」　一九八四年（昭和五九）
制作：YOUの会＝ヘラルド・エース
原作：阿久悠
監督：篠田正浩
配役：夏目雅子・郷ひろみ・佐倉しおり

「六三制、野球ばかりが強くなり」という川柳はよく知られている。しかし野球は、子どもたちにとってのアメリカン・デモクラシーの一つを象徴する。映画は、瀬戸内のある漁村を舞台に、子どもの眼に映った戦後の風景を典型的に描いた。学校での墨塗り教科書やDDT散布にはじまり、古い砲台は破壊され、かつて描いた戦争中の軍艦の絵は焼き捨てられていく。そのピークは、即席の子どもチームとやって来た占領軍との野球の試合である。日米野球の引き分けの終末は、子どもたちにほろ苦い屈折を含んだ日米合作というゆく手を指し示しているのだろうか。この映画は、〝MacArthur's Children〟（マッカーサーの子供たち）という題で米国でも公開された。

【中流階級化としての戦後】

（1）アメリカTV映画

「パパは何でも知っている」

このTV映画は、日本テレビ系で、一九五八年（昭和三三）八月三日～一九六四年（昭和三九）三月二九日に放映された。ロバート・ヤングがアンダーソン家のやさしいパパを好演し、降りかかる一家のトラブルを見事に解決していく、明るくユーモラスなホームドラマであった。その系譜は「うちのママは世界一」（フジ系、一九五九年二月九日～六三年八月二一日）、「パパ大好き」（一九六一年五月二一日～一九六二年六月九日）と続き、いずれもヒットした。この時代は漫画「ブロンディ」の時代と違い、家庭電化製品はすぐ手の届くところにきていたが、アメリカ中産階級の家庭における「開かれた男女関係」など核家族の理想像が描かれ、日本の家族のモデルと受け止められた。しかしそこには反抗も病気もなく、人種や戦争の影もなかった。

六〇年（昭和四八）七月一一日まで放映されたテレビ西部劇の代表作である。テキサスからミズーリまで約二〇〇〇キロを、さまざまな困難を乗り越えて牛の大群を運ぶカウボーイ集団の物語であった「ローハイド」（NET系、一九五九年一一月二八日～一九六五年三月二八日）がウエスタンブームの火付け役とすれば、この作品は〝青い雲が流れる…〟という主題歌や、ジェス役のロバート・フラーの圧倒的な人気によって、そのピークを記録した。特に一九六一年四月一七日には、ロバート・フラーが来日、羽田空港には若い女性を中心に二〇〇〇人のファンが殺到した。それは「テレビ西部劇隆盛の象徴」（『週刊TVガイド』一九六五年八月一三日号）といわれた。

(2) 団地と中流階級

「ニッポン無責任時代」 一九六二年（昭和三七）

「ニッポン無責任野郎」 一九六三年（昭和三八）

制作：東宝

監督：古沢憲吾

〔参考文献〕安田常雄「〈占領〉の精神史—『親米』と『反米』のあいだ」『日本史講座』10（戦後日本論）、東大出版会、二〇〇五。

「奥様は魔女」

このTV映画は、TBS系で一九六六年（昭和四一）二月一日～一九六八年（昭和四三）九月四日に放映された。エリザベス・モンゴメリーが演ずる、可愛い新妻サマンサは料理、炊事、家事いっさいを、念力でかたづける魔力の持主で、それを知らない夫との愉快な生活ぶりが描かれたホームコメディである。サマンサの母親役をアグネス・ムーアヘッドが演じ、シニカルな姑の魔女の雰囲気を出している。キリスト教の影響の強いアメリカではホームコメディに魔女を登場させるのは不謹慎であると物議をかもしたという。今日からみると、機械化と能率化という合理主義の追求の極限には、魔女の力という神秘がおかれていることがわかる。

「ララミー牧場」

このTV映画はNET（日本教育テレビ）系で一九

配役：植木等・ハナ肇とクレージーキャッツ

この映画が封切られたのは、一九六二年（昭和三七）七月。コミックバンド、クレージーキャッツは、すでに「おとなの漫画」（フジ、一九五九年）、「シャボン玉ホリデー」（日テレ、一九六一）で、この時代の人びとの心をつかみ、植木等の歌った「スーダラ節」は八〇万枚のヒットとなっていた。映画はこの圧倒的な人気のうえに、ほとんどヒット曲中心のミュージカル映画のように製作された。いずれも植木等演ずる「平均《たいらひとし》（たいらひとし）」という主人公が、持ち前の行動力と調子のよさで上役に取り入り、仕事もトラブルもあっさりかたづけ、またたく間に出世するという物語であった。映画は以後、シリーズ化する。この「無責任男」のイメージは、高度成長のなかで「人並み」をめざして悪戦苦闘する人びとに、時に痛快さと羨望を、時にほろ苦い自嘲を含んだ笑いをあたえ続けた。

［参考文献］『昭和 二万日の記録』第12巻、講談社、一九九〇、pp.221–2

「私は二歳」 一九六二年（昭和三七）

制作：大映
原作：松田道雄
監督：市川崑
配役：鈴木博雄・山本富士子・船越英二・浦辺粂子

この時期、映画監督、市川崑は、「炎上」（一九五八）、「鍵」「野火」（一九五九）、「ぼんち」（一九六一）、「おとうと」（一九六〇）、「黒い十人の女」（一九六一）、「破戒」（一九六二）、「雪之丞変化」（一九六三）と斬新な秀作を作り続けた。この映画は、松田道雄の同名の育児書を原作に、幼児の言葉とイメージによって大人の世界の意味を脱構築するという意表をつく着想と、「それぞれ四コマ漫画のような鮮やかな起承転結」（佐藤忠男）をもつエピソードの見事な構成によって、同年の『キネマ旬報』第1位を獲得した。そこではようやく広がってきた団地生活と昔ながらの一戸建て住宅の対比に、核家族と三世代家族の特徴を重ね合わせ、高度成長期の日本人の揺れ動く精神史の姿が鮮やかにとらえられた。

［参考文献］佐藤忠男『日本映画史』3、岩波書店、一九九五。

「彼女と彼」　一九六三年（昭和三八）

制作：岩波映画

監督：羽仁進

配役：左幸子・岡田英次・山下菊二

詩人の飯島耕一は、この映画は「一九六三年という時代を、誠実に刻印している」と書いている。高度経済成長のなかで何かが決定的に変ろうとしていたのだ。映画は団地に住む若い夫婦の生活と、隣接する「バタヤ部落」で眼の不自由な少女と暮らす男との生活を、団地の妻の眼を通して鋭角的に対比する。不幸もないが幸福もなく、索漠とした日常が広がる団地と、犬とカラスと眼の不自由な少女のいる「バタヤ部落」。また団地の夫と「バタヤ部落」の男は、かつて学生運動の仲間であった。はさみのように別れていく二人の対称が、高度成長という時代を象徴している。映画は、後半で炎々と燃え上がる「バタヤ部落」を描き、ブルトーザーで生地される光景を描いた。

［参考文献］『アートシアター16号　彼女と彼』日本アート・シアター・ギルド発行、一九六三。

（3）炭坑と流れる人びとの記録

「どたんば」　一九五七年（昭和三二）

制作：東映

監督：内田吐夢

配役：加藤嘉・志村喬・江原真二郎・中村雅子

この映画が作られた一九五七（昭和三二）年頃は、エネルギー革命による石炭産業の斜陽が大きな社会問題になっていた時代である。かつて戦前、日活多摩川で名作を撮った内田吐夢は戦中を満州映画で送り、一九五二年（昭和二七）には帰国第一作の「血槍富士」でカムバックした。この映画は、その内田吐夢が炭鉱事故を正面から描いた作品であり、他に類例のないユニークな作品となっている。大雨によって河の水が坑内に流れ込む冒頭から、坑内に閉じ込められた坑夫たちが救出される終結まで、刻一刻の推移を徹底したリアリズムで描いた。これは脚本を担当した橋本忍の緻密な構成によるところが大きい。救出に駆けつける朝鮮人労働者の姿も描かれている。

「おとし穴」　一九六二年（昭和三七）

制作：勅使河原プロ＝ＡＴＧ

原作：安部公房

監督：勅使河原宏

配役：井川比佐志・大宮貫一・宮原カズオ・田中邦衛

この映画は、一九六二年（昭和三七）、新人監督の勅使河原宏によって作られた諷刺的リアリズム映画である。原作は、一九六〇年秋に放映された安部公房のテレビドラマ「煉獄」である。北九州の炭坑地帯を舞台に、職を求めて流れ歩く失業坑夫が謎の白い服の男に殺される。幽霊になった坑夫はその原因を探そうとし、奇怪な殺人事件に巻き込まれる。映画は、その背後に炭坑の第一組合と第二組合の分裂と対立、その両者を闘わせて壊滅をもくろむ眼に見えない力の存在を連想させていく。白い服の男とは何か。解釈は観客にゆだねられている。作者は、荒れ果てた廃坑の町や野犬が横行するボタ山などに日本の厳しさを象徴させながら、高度成長とよばれた時代の底に沈殿する不可解で不気味な時代の恐怖感を形象化しようとした。その意味で、この映画には六〇年安保と三池争議、さらに六〇年一〇月の浅沼社会党書記長刺殺事件が深く影を引いている。

「どっこい人間節」　一九七五年（昭和五〇）

制作：小川プロダクション

監督：小川紳介

横浜寿町は、東京の山谷、大阪の釜が崎とともに「ドヤ街」とよばれた下層労働者の町である。高度成長の時代、京浜工業地帯の繁栄によってたくさんの仕事があり、多くの人びとが、この町に吹き寄せられるようにやってきていた。小川プロダクションは、一〇か月間、この町に住みつき、一人ひとりの労働者の生きた軌跡とその意識を克明に映像化した。貧困や病苦、そして孤独の極限のような個人史を映し出しながら、それでもなおひとりの人間として生きる姿を捉えようとした。それは高度経済成長という時代のあざやかな陰画像として残されている。

［参考文献］山根貞男編『小川紳介　映画を穫る』筑摩書房、一九九三。

【忘却としての戦後】

（1）戦争

「君の名は」　一九五三年（昭和二八）

制作：松竹
監督：大庭英雄
原作：菊田一雄
配役：岸恵子・佐田啓二

この映画の原型は、一九五二年（昭和二七）から五四年（昭和二九）に放送されたNHK連続ラジオドラマである。戦中戦後の混乱の時代を背景に、二人の男女の愛と別離を描いて大ヒットした。愛し合う二人が、思わぬ人との結婚、嫁姑のいさかい、家出などに巻き込まれ、舞台を焦土の東京、佐渡、北海道、雲仙などと移しながら、すれちがう運命が描かれた。そこには戦争の経験や嫁姑問題などへの人びとの共感が存在した。ここでは東京大空襲のさなか、数寄屋橋で出会った二人が、半年後の再会を約して別れる象徴的場面を採録した。

「二十四の瞳」　一九五四年（昭和二九）

制作：松竹
監督：木下恵介
原作：壺井栄
配役：高峰秀子・天本英世

敗戦から約一〇年、日本人の戦争体験を描き、ほとんど国民的規模で賞讃された作品である。国交のない中国でも公開され、高い評価を得たという。一九二八年（昭和三）、師範学校を出た新任の女教師・大石久子が小豆島の分校に赴任してくる。そこにいる一二人の子どもとの交歓を軸に、昭和の年代記が描かれた。そこには貧困、階級差、言論弾圧があり、しだいに戦争の足音が高まってくる。子どもたちも戦死し、あるいは負傷して帰ってくる。この映画は戦時中の日本人は、みな弱く悪意のない善良な人びとであったと描いて、日本人の戦争体験に救済をあたえた。子どもたちが行った戦場は描かれることはない。しかし同時にこの映画は「平和主義」の象徴として「再軍備」にブレーキをかける役割も果たした。

［参考文献］佐藤忠男『木下恵介の映画』芳賀書店、一九八四。

「明治天皇と日露大戦争」予告編　一九五七年（昭和三二）

制作：新東宝

監督：渡辺邦男

配役：嵐寛重郎　阿部九州男　藤田進

一九五七年（昭和三二）四月二九日の天皇誕生日を期して、この映画は封切られ、「君の名は」をしのぐ大ヒットとなった。鞍馬天狗で有名な嵐寛重郎を明治天皇に、広瀬中佐、橘中佐、東郷大将、旅順攻略戦、ステッセルと乃木大将との会見、日本海海戦、また勝利のチョウチン行列、「ここはお国を何百里」の歌などなど。それは日本人が明治から身体のなかにたたきこまれた百科全書であった。製作者は今の惨めさを忘れ、明るい過去へのノスタルジーとして作ったという。「反動的映画」との批評も多かったが、自分とは何かを見据えて、自分を変えていくための素材としたいという批評もあった。

「二等兵物語　死んだら神様の巻」　一九五八年（昭和三三）

制作：松竹

監督：福田晴一

配役：伴淳三郎・花菱アチャコ・伊藤雄之助

この映画は、伴淳三郎と花菱アチャコを主演にした「二等兵物語」シリーズ（一九五五～一九六〇）の一作である。戦争中の二等兵の視点にたてば、軍隊とは便所に隠れてアンパンを食べることであり、忠誠のたてまえを説教し、私腹をこやす上官にぶつぶつ文句をいうことであったりする。毅然とすべき行進の訓練も、歌が聞こえてくると隊伍がくずれ、ぐじゃぐじゃになったまま、不定形の行進がつづく。この映画は、戦争中の替歌がたてまえをずらしてせいいっぱいの抵抗を表現したように、庶民（二等兵）が経験のなかからつかみ出した戦争認識を見事に提出している。その後も、庶民の戦争体験がこの深さをもって描かれた例は、ほとんどない。

［参考文献］鶴見俊輔『誤解する権利―日本映画を見る』筑摩書房、一九五九。

「忘れられた皇軍」　一九六三年（昭和三八）

製作：NTV

監督：大島渚

白衣に軍帽をかぶり、義手や義足でアコーデオンやハモニカを弾きながら軍歌を歌って、わずかな生活の資を得る人びとが、街の角にはよく立っていた。彼らは傷痍軍人とよばれ、戦後日本の原風景を形づくっていた。大島渚は、彼らのなかに在日朝鮮人の人たちがいることに強い怒りを感じて、この作品を作った。彼らは戦前「日本人」として戦争に参加したが、敗戦後、日本国籍を剥奪され、軍人恩給を与えられないまま放置された。彼らは首相官邸や外務省に請願するが、補償は韓国に一括して行なうので、韓国政府に陳情するようにというのが回答であった。また韓国代表部では責任は韓国になく、補償は日本政府に要求すべきだと追い返された。誰に訴えればよいのか。ラスト近く、眼のない眼から流れる涙の映像が映し出された。この作品は、一九六三年（昭和三八）八月一六日に日本テレビの「ノンフィクション劇場」で放映された。

〔参考文献〕四方田犬彦「大島渚と日本12」『ちくま』二〇〇九年三月号。

「未復員」　一九七〇年（昭和四五）

製作：ＴＢＳ

監督：吉永春子

一九七〇年（昭和四五）八月一五日、ＴＢＳのドキュメンタリー「未復員」が放映された。当時、東京国分寺の国立武蔵療養所には、戦争中に精神障害を起した多くの元兵士たちがいた。彼らは今も軍人勅諭を暗唱でき、廊下で白衣の医師を見ると、〝軍医殿！〟と敬礼する人もいた。番組は克明なインタヴューと家族や故郷の取材で構成され、すでに戦争を忘れ去っている日本社会に大きな衝撃をあたえた。その後「未復員」は、パートⅡ（一九七一年八月一五日）、パートⅢ（一九八五年二月四日）が作られた。元兵士たちの望みは、いちど故郷に帰り、家にもどりたいということだった。しかしその望みも家族からの冷たい拒否にあって挫折する。豊かな社会になった日本の家とは何かという問いが浮上する。ここでは当時のディレクターによる再編集版を収録した。

〔参考文献〕吉永春子『さすらいの〈未復員〉』筑摩書房、一九八七。

「**大日本帝国**」（予告編）　一九八二年（昭和五七）

制作：東映

監督：舛田利雄

配役：丹波哲郎・三浦友和・あおい輝彦・西郷輝彦・関根恵子・夏目雅子

この映画は、特に一九四一年（昭和一六）から敗戦までの南方戦線を中心に、戦場に駆りだされた若者たちの苛酷な状況を描き、日本人にとってあの戦争とは何かを問う作品として作られた。封切当時から評価は分かれ、右派からは「非常に巧みにつくられた左翼映画」と非難され、左派からは「非常にうまくつくられた右翼映画」と批判された（『映画脚本家　笠原和夫　昭和の劇』太田出版、二〇〇二年）。大東亜解放という理念の幻想性、昭和天皇の戦争責任、BC級戦犯問題、指導者と庶民の戦争体験の落差など、戦後の日本人の戦争認識に関わる多様な問題が提出されている。

（2）原　爆

「**原爆の子**」　一九五二年（昭和二七）

制作：近代映画協会

監督：新藤兼人

配役：乙羽信子・滝沢修

占領の時代、GHQは検閲体制をしいて、映画や文学などが原爆被害の実態に触れることを禁止していた。占領が終わり、原爆表現が解禁された。新藤兼人監督によるこの映画は、郷里広島の原爆後遺症の問題を正面からとりあげた。被爆の瞬間については、きわめて象徴的に表現され、力点は戦後七年たっても、被爆者たちが原爆の後遺症でつぎつぎと死んでいくという事実を提出することにおかれ、多くの人びとに衝撃をあたえた。その意味で乙羽信子が子どもたちをさがし広島の町を歩く情景は、この映画のモティーフを象徴的に示している。

「**第五福竜丸**」　一九五九年（昭和三四）

制作：近代映画協会

監督：新藤兼人
配役：宇野重吉・小沢栄太郎

一九五四年（昭和二九）三月一日、マーシャル群島ビキニ環礁におけるアメリカの水爆実験で、静岡県焼津市のマグロ漁船「第五福竜丸」が被爆した。広島に投下された原爆の約一〇〇〇倍、一五メガトンの威力であったという。実験の二時間後に降灰があり、乗組員は死の灰をあびて急性放射能障害の症状を呈した。乗組員は帰国後、研究目的のため、東大病院、厚生省系病院、伝染予防系病院などで治療をうけたが、九月になって久保山愛吉無線長は死亡した。映画は、この無線長を主人公にできるかぎり事実に即したセミドキュメンタリー映画として製作された。

「ゴジラ」　一九五四年（昭和二九）
制作：東宝
監督：本多猪四郎
配役：志村喬・宝田明・河内桃子

一九五四年（昭和二九）一一月三日、日本最初の怪獣映画が封切られ、円谷英二の優れた特撮技術もあって大ヒットした。この年は三月一日に起った「第五福竜丸」事件に端を発したビキニ水爆実験が、大きな社会問題になっていた。原始の恐竜が水爆実験によって眠りをさまされ、首都東京を襲うという構成は、核兵器反対のメッセージを明確に打ち出した。全長約五〇ｍと設定されたゴジラは、品川沖に上陸、火炎を吐いて銀座を破壊し、国鉄の電車を食いちぎり、国会議事堂へむかった。ゴジラの東京破壊は、約一〇年前の空襲の記憶と重なってイメージされ、眼にみえない放射能を、ゴジラという物質に形象化する大衆文化の威力が発揮された。以後、ゴジラは高度成長期から二一世紀の今日まで、核がある限り、日本上陸をくりかえすことになる。

（3）植民地

「にあんちゃん」　一九五九年（昭和三四）
制作：日活
原作：安本末子
監督：今村昌平

配役：長門裕之・松尾嘉代・吉行和子・北林谷栄

この映画の原作は、安本末子『にあんちゃん』(光文社、一九五八)である。舞台は佐賀県東松浦郡入野村大鶴炭鉱。この炭鉱の村で生きる四人の兄妹をめぐる生活記録であり、この年一一月に発売され、一気にベストセラーになった。背景に石炭産業の斜陽という社会問題があったが、今村昌平監督はこの逆境のなかでも、周囲の人々に支えられながら、助け合ってたくましく生きる在日朝鮮人という点にフォーカスを絞った。原作にも四人の本籍は「韓国全羅南道宝城郡」と書かれていた。北林谷栄が演ずるおばあさんが、主人公を励ましていう「むかしの朝鮮人はもっと強かったぞ」という言葉は在日朝鮮人コミュニティの歴史と気分をよく表現している。

「キューポラのある街」 一九六二年 (昭和三七)

制作：日活
原作：早船ちよ
監督：今村昌平
配役：吉永小百合・浜田光夫・東野英治郎・市川好郎

この映画は、吉永小百合が本格的なスターに成長していくきっかけになった作品としてよく知られている。埼玉県川口市の鋳物工場町を舞台に、未来をしっかりと見つめて生きていこうとする貧しい少年少女を描いた作品である。頑固な職人気質の父親に抵抗して進学をのぞむ主人公と、北朝鮮に帰る父親と日本に残りたい母親とのあいだでゆれる在日朝鮮人の友だちとの交情など、子どもがリアルな等身大で描かれた画期的作品であった。また同時代の在日朝鮮人の帰国事業が、子どもたちの友情に落す影と希望の描写は、一九六〇年代前半という時代の固有の感覚をあざやかに伝えてくれる。

「男の顔は履歴書」 一九六七年 (昭和四二)

制作：松竹
監督：加藤泰
配役：安藤昇・中谷一郎・真理明美・伊丹十三

物語は、戦中 (一九四五年) —敗戦直後 (一九四八年) —現代 (一九六六年) の三つの時代を重ね合わせて構成される。その中心は、敗戦直後のマーケットで生活する日本人と、それを潰して大娯楽センターを作ろうとする朝鮮人との抗争である。ラスト近く「それが出来たら日本人もケロッとした顔で遊びに来るだろう。日本人は簡単に忘れるからね。だが僕達は忘れない」という朝鮮人青年の言葉は、戦後日本における植民地経験の忘却に対する批判として響いている。映画は戦中派日本人のエートスと、悪役も含めた朝鮮人の人物像を精密かつ主体的に描き、両者のつながりの回復を希求する。特に真理明美が演ずる李恵春の美しさは比類ない。その背景には日韓条約批判がある。

あとがき

国立歴史民俗博物館では、二〇一〇年三月一六日の第6展示室「現代」のオープンに先立ち、二〇〇九年度一年をかけて、主要な四つのテーマに即した以下四回の「歴博フォーラム」をおこなった。

①第六九回歴博フォーラム「戦後の生活革命」六月二〇日、一橋記念講堂
②第七〇回歴博フォーラム「戦争と平和」八月一日、東商ホール
③第七一回歴博フォーラム「占領下の民衆生活」一〇月一七日、歴博講堂
④第七三回歴博フォーラム「戦後日本の大衆文化」一二月一九日、東商ホール

各フォーラムには、毎回多くの参加者がつめかけ、実りある報告と討論が行われた。各テーマのねらいや現在の現代史研究のなかでの位置づけなどの報告がなされ、具体的な展示資料に即しその特色の紹介が行われた。まだオープン以前であったが、今後の現代展示への注文や課題も提起された。総論的にいえば、これまで十分論理的につ

められていない、生活史を中心におくという歴博総合展示の理念を実質化するためには、政治や経済や社会との緊密な関わりを組み込み、広義の文化を含めて立体的に再構成する必要が提起された。このフォーラムの記録では、当日の報告と討論を再現するとともに、図録のない常設展示の欠陥を補うため、主要な展示物の写真と解説などを付けることにした。それは今回の「現代展示」が提示した歴史像の解説でもある。

本書の刊行によって合計四回の歴博フォーラム記録が完成することになる。ただ第六九回フォーラムについては、種々の事情から『高度経済成長と生活革命』として吉川弘文館からの刊行になったことをお断りしておきたい。末筆になるが、フォーラムに参加していただいた講師の皆さんと、刊行を引き受けていただいた東京堂出版の方々に感謝と御礼を申し上げたい。

第6展示室「現代」代表　安田常雄

【報告者・執筆者紹介】 ※報告・掲載順

荒川章二（あらかわ　しょうじ）
静岡大学情報学部教授
『軍隊と地域』青木書店、2001年
『軍用地と都市・民衆』山川出版社、2007年
『全集日本の歴史16　豊かさへの渇望』小学館、2009年

大門正克（おおかど　まさかつ）
横浜国立大学経済学部教授
『近代日本と農村社会』日本経済評論社、1994年
『民衆の教育経験』青木書店、2000年
『歴史への問い／現在への問い』校倉書房、2008年
『全集日本の歴史15　戦争と戦後を生きる』小学館、2009年

竹中和雄（たけなか　かずお）
美術監督／日本映画テレビ美術監督協会
担当作品
七人の侍（東宝）・浮雲（東宝）以上、助手として。
その場所に女ありて（東宝）・クレージー黄金作戦（東宝）・MISHIMA（U.S.A）・ブラック・レイン（U.S.A）・あにいもうと（東宝）・女ざかり（松竹）ほか。
＊日本映画技協会・日本アカデミー賞・毎日映画コンクール美術賞

仲里　効（なかざと　いさお）
写真家・映像評論家
『オキナワ、イメージの縁（エッジ）』未来社、2007年
『沖縄映画論』（四方田犬彦・大嶺沙和編）作品社、2008年
『沖縄／暴力論』（西谷修との共編著）未来社、2008年
『フォトネシア―眼の回帰線・沖縄』未来社、2009年
＊映像関係では『夢幻琉球・つるヘンリー』（高嶺剛監督）共同脚本、2003山形国際ドキュメンタリー映画祭〈沖縄特集・琉球電影列伝〉コーディネーターなど。

【編者紹介】

安　田　常　雄（やすだ　つねお）

国立歴史民俗博物館副館長
同館研究総主幹、歴史研究系教授
『近現代日本社会の歴史　戦後経験を生きる』（共編）吉川弘文館、2003年
「戦争とメディア序論」『人民の歴史学』161　2004年
『日本史講座　戦後日本論』（共編）東京大学出版会、2005年　ほか。

歴博フォーラム　戦後日本の大衆文化
—総合展示第６室〈現代〉の世界③—

初版印刷　2010年９月17日
初版発行　2010年９月30日

編　者　国立歴史民俗博物館
安　田　常　雄
発行者　松　林　孝　至
発行所　株式会社　東京堂出版
101-0051　東京都千代田区神田神保町１－17
振替　00130-7-270
印刷・製本　亜細亜印刷株式会社

ISBN978-4-490-20695-1　C1021　Printed in Japan.

＊定価は全て本体価格＋消費税です。

歴博フォーラム　戦争と平和　国立歴史民俗博物館　安田常雄　編　本体三〇〇〇円

歴博フォーラム　占領下の民衆生活　国立歴史民俗博物館　原山浩介　編　本体三〇〇〇円

近代日本のなかの「韓国併合」　安田常雄　趙景達　編　本体二〇〇〇円

コモンズと文化―文化は誰のものか―　山田奨治　編　本体二八〇〇円

国際ビジネスマンの誕生　阪田安雄編著　本体二九〇〇円

一九世紀の政権交代と社会変動　大石学　著　本体一二〇〇〇円